기독교의 진수를 체험하라!

올챙이와 개구리

올챙이와 개구리

글쓴이	이수봉	펴낸이	김명순
발행일	2011년 11월 25일	펴낸곳	도서출판 하늘
ISBN	978-89-97409-00-6 03200	등 록	406·2009·000050호·(2009/07/16)
가 격	10,500원	주 소	경기도 파주시 광탄면 분수리 350-3
총 판	하늘유통(031)947-7777	전 화	(010) 8991-5262

미주본사

Haneul 도서출판 **하늘** (구 광야)
PO Box 5385 Hacienda Heights, CA 91745 USA
Tel (626)789-1301   **Fax** (800)813-6327
E-mail kwangyamag@hanmail.net

올챙이와 개구리

저자 | 이수봉

하늘

신앙도
업그레이드해야 한다!

사람이 태어나면 네 발로 걷다가, 두발로 걷다가, 세발로 걷는다는 말이 있습니다.

그 말은 우리가 다 아는 대로 아기 때는 엉금엉금 기어 다니다가 장성하면 걸어 다니다가 늙으면 지팡이에 몸을 의지하고 다닌다는 말이고 결국 사람은 늙으면 병들고 죽는다는 의미를 내포하고 있습니다.

나는 70세 나이지만 아직 지팡이를 짚고 다니지도 않고 오히려 젊었을 때보다 나이 들고 나서 더 똑똑해졌습니다. 아니, 나의 그 똑똑함의 차원은 세상 사람들이 보통 흔히 말하는 똑똑함과는 다르다고 해야 할 것 같습니다.

아니, 더 정확한 표현은 나는 50세 때부터 인생 자체가 달라 졌습니다. 따라서 그때부터 나는 이 세상을 사는 목적도 달라졌 고 이 세상을 살아가는 방법 또한 달라졌습니다. 다시 말해 나이 50이 되고부터 나, '이수봉' 이라는 사람이 완전히 딴 사람이 된 것입니다.

물론 생긴 모습이나 태어난 고향이나 부모형제 일가친척 그 환경은 그대로인데 나의 '속' 내 속에 있는 진정한 '나' 가 변한 것입니다. 다시 말하면 나의 속사람이 달라진 것입니다. 그 것도 아주 백팔십도로 확 바꿔져 나 자신도 순간순간 놀랄 때가 많습니다.

어떻게 변했는지 결론부터 말하면 올챙이가 개구리로 변한 것입니다. 짐승처럼 먹고 자고 싸고 일하고 그저 세월을 무의미 하게 바보처럼 살다가 아주 똑똑한 사람으로 변해졌습니다. 그걸 증명하라면 얼마든지 있는데 우선 지금은 무슨 일을 만나든지 무 사태평으로 일관한다는 것입니다.

그전에는 돈을 선택하며 살았지만 지금은 양심을 택하고, 전 에는 성공이라면 물불 안 가리고 달려들었지만 지금은 너도 좋고 나도 좋고 서로 좋은 쪽을 택합니다. 그만큼 마음의 여유가 있어 모든 사람을 살피고 폭넓은 아량으로 달라졌습니다.

그런데 그 결과로써 얻는 것은 엄청납니다. 죽음의 길로 갈 수밖에 없었는데 영원한 생명을 얻게 된 것입니다. 말 그대로 지옥에서 천국으로 옮겨진 것입니다.

따라서 사는 게 신바람이 나서 아침에 눈을 뜨면서 감사가 터지고 온종일 찬송이 절로 터집니다. 생각하면 정말로 꿈만 같습니다.

전에는 세상사는 게 얼마나 지겨우면 자살을 하려고까지 했었습니다. 사실 나는 나이 오십 나이에 사는 게 너무 지겹고 힘들어 자살을 기도한 적이 있습니다. 사방을 둘러봐도 좌우앞뒤 꽉 막히고 솟아날 구멍이 안보였습니다.

사업도 망했고 가족도 풍비박살이 났습니다. 건강에도 비상불이 켜졌고 조상 대대로 믿어오던 불교의 불심도 힘을 잃어 나를 죽음으로 내몰고 말았습니다.

몸이 망가지도록 사업을 하고 돈을 벌어서 대체 무얼 한단 말인가?

돈을 많이 벌어 춤추고 고기 먹고 좋은 차를 타면 뭐가 달라

진단 말인가?

　머리 싸매고 공부해서 좋은 회사 취직하면 돈을 잘 벌고, 돈을 잘 벌면 잘 먹고 잘 살고… 개미 쳇바퀴 돌듯 똑같은 말, 똑같은 생각… 그 후엔 늙고 병들고 죽고….

　누구나 가는 그 길! 결국 최종 목적지는 죽음인 것입니다. 그걸 목적으로 달리고 뛰고 한 것이었습니다. 그리고 그게 뜻대로 안되니 '자살'로써 인생 종지부를 찍으려 했던 것입니다.

　그런데 죽음의 기로에 서 있을 때 하나님께서 나를 불러 상처를 만져주시고 마음을 만져주셨습니다. 나는 그 하나님의 손을 주저 없이 꽉 잡았습니다. 그 순간 나의 마음은 하늘을 날고, 나의 가슴은 평안을 만끽했습니다. 새로운 세계가 내 눈앞에 펼쳐져 보였습니다.

　아! 이런 세계도 있었구나! 우물 안 올챙이가 개구리로 탈바꿈해 넓은 개천가 세상으로 나간 느낌이 이런 것일까요? 애벌레가 나방이가 되어 드넓은 하늘을 나는 느낌이 이런 걸까요?

　과거에는 머리를 굴리고, 계산기를 튕기고, 사람의 위아래를 훑어보며 사람을 살피고, 고달프게 살았습니다. 그리고도 결과는 실패였습니다. 그런데 하나님을 영접하고 나서는 삶의 본질이 어린아이같이 순수하고 순진하게, 착하고 단순하게 변해갔고 결국 그건 내게 승리를 가져왔습니다.

늘그막에 나는 새로운 새세상에서 살고 있습니다. 머리칼은 점점 희어져가지만 생활모습은 갈수록 그저 어린애로 순수하게 되돌아갔습니다. 인간으로 태어나서 어떻게 살아야하는지 그 방법을 터득하게 된 것입니다.

그런데 놀라운 것은 그런 변화된 모습으로 살아가니 모두가 잘 되어지는 것이었습니다. 엎어진 게 제쳐지고, 넘어진 게 일으켜지고, 죽어 없어진 게 살아나 그야말로 해 뜨면서부터 해지는 때까지 감사의 찬양으로 하루를 자고 깹니다. 그야말로 진리가 나를 자유케 하심을 체험한 것입니다.

그래서 나는 과거의 나처럼 어두운 세상에서 애벌레로 사는 이들에게 넓고 편한 길, 사람이 마땅히 행하여야 할 길을 알려주고 싶어 이 글을 쓰는 것입니다. 올챙이의 어린애 신앙에 머물고 있는 이들에게는 새로운 세상, 개구리의 성숙한 신앙의 세계를 안내해 드리고자 이 책을 내놓습니다.

그래서 한 단계 신앙이 upgrade 되기를 바라는 것입니다. 이게 사람 사는 맛입니다.

이 책은 예수님을 믿은 이후의 나의 변화된 체험에서 얻은 진짜 사람모습이 무엇인가에 대해 기록한 글입니다.

칠순나이에 서둘러 이렇게 마치 유서라도 쓰듯 긴박한 심정으로 이 글을 쓰는 것은 내가 체험한 믿음의 눈으로만 볼 수 있는 신나는 세상을 독자 여러분들에게 속히 알려드리기 위해서입니다. 감사합니다.

- 일리노이 켄톤 집무실에서　저자 이수봉 -

Contents

1

종교인과 신앙인 · *16*

기독교는 체험이라는 사실의 확인과정을 거쳐 살아계시는 하나님을 내 속에 모시고 사는 종교이다. 따라서 기독교의 특징은 생명의 종교이며 동시에 부활의 종교이기도 하다. 그러므로 기독교에서 하나님을 믿는다고 하는 것은 어디까지나 생명의 약동에 의한 변화를 그 바탕으로 하고 있다. 마치도 올챙이가 개구리로 변하는 과정을 겪지 않으면 우물 밖의 세상을 전혀 알 도리가 없는 경우와 같다.

차례

헌금, 봉사, 출석, 교파, 예배의식, 또 하나님 없이도 혼자 착실하게 살기만 하면 된다는 생각 등 이런 것들에 오히려 천국이 달려있고 이런 것들에 매어 달리면 영생이 거저 주어지는 줄 알면 정말로 착각이다. 교회 목사님들이 천국행 티켓을 자기 손에 쥐어주는 것도 아니고 우연한 기회에 하나님을 저절로 찾아지게 되면 믿어본다는 식은 안 된다.

4

그리스도의 사람 · 96

그리스도인이란 거룩한 자 또는 구별된 자란 뜻이다. 우리 그리스도인은 세상 사람과 달라야 한다. 왜냐하면 우리는 이 땅에 살고는 있으나 이 땅에 속한 자가 아니고 하늘에 속한 자이기 때문이다. 따라서 우리는 하늘나라에 속한 자이므로 하늘에 속한 자답게 살아야 한다. 그리스도의 사람은 세상을 향해서는 죽고 하늘을 향해 사는 자이다.

5

110 · 기독교는 완전한 종교이다

하나님께서는 우주를 창조하신 유일한 분이시다. 그리
고 하나님의 창조세계에서 발생하는 어떤 문제도 자기
의 창조질서 안에서 완벽히 해결할 수 있는 제반요소들
도 이미 더불어 다 창조해 놓으셨다. 따라서 기독교는
완전한 종교이며 인류역사는 하나님의 창조세계에서 발
생하는 문제해답을 찾는 한 과정인지도 모를 일이다.

6

124 · 사적으로 하나님을 알아야 한다

하나님을 아는 것에도 '공적으로 하나님을 아는 것'
과 '사적으로 하나님을 아는 것'의 두 가지가 있다.
이 경우 공적으로만 하나님을 아는 것은 진실로 하나님
을 아는 것이 아니다. 왜냐하면 예수님과 우리와의 관계
는 결혼계약에 바탕을 두고 있으므로 내가 하나님을 안
다고 말할 때는 하나님께서도 직접 나를 알아주셔야만
진실로 내가 하나님을 아는 것이 되기 때문이다.

7

지도자는 외롭다 · 138

육체적인 어려움과 힘든 일은 그렇다 치더라도 때로는 하나님이 함께하시지 않고 고아와 같이 버려졌다고 느껴질 때도 있어 영적으로 고독하고 추울 때도 있다. 동료들이 힘을 보태기는커녕 오해가 생겨 적군처럼 느껴질 때도 있다.

어쨌거나 그래도 자기 자신의 늪과 환경을 누르고 일어서서 십자가 밑에 엎드려야 하는 하나님의 종들은 그래서 하나님의 직접적인 터치가 필요하다.

"내가 너를 사랑한다, 아들아!"

"내가 너를 믿는다, 내 딸아!"

"너를 위하여 면류관이 예비되었다, 아들아!"

음성으로, 말씀으로, 꿈으로, 환상으로… 하나님의 위로와 격려가 마음을 감싸 안아주셔야 살 수 있다. 그래서 전도자들은 하나님을 바라고 아파도 울지 않는다.

전도인들은 하나님께서 직접 골라 세우시고 간섭하시고 직접 마음을 만져주신다. 그들은 매번 그걸 체험하고 산다. 그리고 그거 때문에 다시 새 힘을 얻고 다시 일어설 수도 있는 것이다.

8

152 · 예수 좀 믿어봐라,
이 바보 멍청이 얼간아!

　"예수를 믿자, 그리고 알고 믿자, 하나님은 누구에게나
다 당연히 필요하다, 하나님이 필요치 않다고 하는 자는
아직도 깨닫지 못한 자들이다, 우리는 적어도 나의 영원
한 주인이 누군지는 알아야 한다, 이 세상 천지에 임자
없는 존재물은 절대로 존재하지 않으니 내가 내 자신의
주인이 될 수는 없는 것이고 믿는다는 말만하고 구원 받
지 못하는 어정쩡한 믿음으로 예수 믿는 가치를 떨어뜨
리지 말자, 아무리 죽도록 충성하여 아무리 열심히 섬겨
도 절대 손해 볼일 없다" 고 크게 외쳐 보는 것이다.

9

160 · 예수님!
당신은 내 구주시옵니다!!

　- 책을 마무리하면서 내 70평생 살아온 간증글을 독자
들과 나누고 싶어 간략하게 여기에 적습니다. 간증 전문
은 'God first'라는 제목으로 이미 출간되어 각 서점에
있습니다. -

종교인과 신앙인

흔히 '종교인이다' 또는 '신앙인이다'라는 말을 많이 하기도 하고 듣기도 하는데 거기에는 그만큼 큰 의미가 부여되고 있기 때문이다.

우리가 하나님을 믿는다고 할 때는 마음으로 믿느냐, 또는 머리 곧 지식으로 믿느냐로 대별된다. 하나님을 믿을 때는 누구라도 반드시 마음으로 믿게 되어 있는데도 불구하고 머리로 배워서 하나님을 아는 지식으로 믿으면 되는 것으로 착각하고 있는 사람들이 꽤 많은 것 같다.

굳이 구분을 한다면 진정한 마음을 하나님께 드림으로써 믿는 자를 '신앙인'이라 하고 진정한 마음을 드리지 않고 다만 하나님을 아는 지식으로 머리통을 굴려 가짜로 하나님을 믿는 자를 '종교인'이라 한다.

기독교의 특징은 계시종교임과 동시에 체험종교이다. 즉 성

기독교의 특징은 계시종교임과 동시에 체험종교이다. 즉 성경에 계시되어 있는 하나님의 말씀을 마음으로 받아서 실제로 마음속에서 일어나는 체험과정을 통하여 살아계시는 하나님을 내 속에 소유하므로 하나님을 믿고 섬기는 사실을 말한다. 그러므로 체험을 바탕으로 한 믿음이냐 아니면 지식을 바탕으로 한 믿음이냐에 따라서 진실한 믿음인가 아니면 가짜 믿음인가가 판가름 나는 것이다.

경에 계시되어 있는 하나님의 말씀을 마음으로 받아서 실제로 마음속에서 일어나는 체험과정을 통하여 살아계시는 하나님을 내 속에 소유하므로 하나님을 믿고 섬기는 사실을 말한다. 그러므로 체험을 바탕으로 한 믿음이냐 아니면 지식을 바탕으로 한 믿음이냐에 따라서 진실한 믿음인가 아니면 가짜 믿음인가가 판가름 나는 것이다. 여기에 종교인과 신앙인의 차이가 나타나게 된다.

기독교는 계시종교이고 체험종교이므로 하나님의 말씀을 실제로 체험해 보지 않고는 그 말씀 속에 담겨져 있는 하나님의 마음과 뜻을 정확히 가늠할 길이 없다.

우리가 아는 대로 씨앗 속에는 분명히 생명이 있다. 그러나 그 씨앗이 땅속에 묻히지 않는 이상 그 속에 있는 생명을 볼 수가 없다. 그 씨앗이 땅속에 묻혀 싹이 나고 자라서 꽃이 피고 열매를 맺게 될 때 비로소 그 생명을 볼 수가 있는 것이다.

마찬가지로 하나님의 말씀도 성경 속에 그대로 있을 때는 씨앗과 같이 그 속에 생명이 있음에도 불구하고 그 생명을 볼 수가 없다. 그러나 그 말씀이 우리의 마음 밭에 심어져서 싹이 나고 자라서 꽃이 피고 열매를 맺을 때 그 생명을 확실히 볼 수가 있는 것이다.

그러므로 하나님의 말씀을 안다고 할 때 그저 지식으로만 알고 있는 것과 실제로 말씀을 받아서 그 말씀이 내 마음속에서 싹이 나고 자라서 꽃이 피고 열매를 맺는 경험을 실제로 체험하는 것과는 판이하게 다른 것이다.

지식으로만 알고 있는 전자를 종교인이라고 하고 실제 체험을 거친 후자를 신앙인이라고 한다. 그러므로 성경을 많이 알고 하나님에 관한 지식이 많다고 해서 반드시 믿음이 좋은 것은 아니라는 말이다. 왜냐하면 체험과 지식은 별개의 것이기 때문이다. 즉 확고한 믿음은 단순한 지식이 아니라 사실의 확인을 거친 체험에 기초하기 때문이다.

그것은 마치도 우물 안에만 살고 있는 올챙이가 개구리로 탈바꿈하지 않고는 듣기만 하는 우물바깥 개구리의 세계를 전혀 알수 없는 이치와도 같은 것이다. 종교인 중에는 신학자들이 많다고 한다. 성경을 지식으로 배워서 학문으로 연구하기 때문이라고 한다.

즉 그들은 성경을 지식으로는 통달하고 있을지라도 체험이 없기 때문에 신앙인이 되지 못하고 종교인이 되고 만다는 것이다. 어떤 신학자는 신신학을 공부하여 박사가 되었는데도 부활을 믿지 않는다고 한다. 신학자에 따라서 성경의 어느 부분은 믿고 인정하나 어느 부분은 믿지 않는다는 것이다.

이것은 믿음의 초기에는 누구나 다 경험하게 되어있는 단계라 할수 있다. 그러므로 신학박사이면서도 이런 소리를 하는 자들은 그들의 머릿속 기억 창고에는 하나님의 말씀을 가득 담고 있으면서도 그 말씀 속에 숨어있는 하나님의 생명을 그들의 마음 속에 소유하고 있지 못한 것이다. 그것은 그들이 하나님의 말씀을 그들의 마음 밭에 받아들여 싹이 나게 하고 자라서 열매를 맺게 하는 경험을 거쳐보지 못한 결과인 것이다.

그래서 종교인과 신앙인의 차이는 하나님 말씀 속에 있는 하나님의 생명을 실제 체험을 거쳐 자기 속에 소유하고 있느냐 아니냐에 달려 있는 것이다. 즉 신앙인은 하나님과 생명을 그 속에 소유하고 있는 사람이나 종교인은 그렇지가 못한 사람이다.
체험은 하나님의 말씀에 대한 사실의 확인이며 하나님의 생명을 소유하기 위하여 거쳐야 하는 하나의 동적과정이다. 신앙인은 생명의 체험을 가진 자이므로 동적이라면 종교인은 지식을 소유한 자이므로 정적이다.

기독교는 체험이라는 사실의 확인과정을 거쳐 살아계시는 하나님을 내 속에 소유하는 종교이므로 기독교의 또 다른 특징은 생명의 종교이며 동시에 부활의 종교이기도 하다. 그러므로 기독교에서 하나님을 믿는다고 하는 것은 어디까지나 생명의 약동에 의한 변화를 그 바탕으로 하고 있다. 마치도 올챙이가 개구리로 변하는 과정을 겪지 않으면 우물 밖의 세상을 전혀 알 도리가 없는 경우와 같다 하겠다.

　　즉 회개와 죄사함을 그리고 성령으로 거듭나는 체험을 거쳐 예수 안에서 새로운 피조물이 되는 변화를 겪지 않고는 결코 영적인 세계를 볼 수 없는 것이고 그러므로 천국에도 갈수가 없는 것이다. 이러한 변화는 그 속에 생명이 없는 지식이나 경건의 모양 또는 형식에서 오는 것이 아니고 오직 생명을 소유하기 위한 산 체험에서 기인한 것이다.

　　어느 목사님은 설교를 통해 예수 믿게 된 그 자체만으로도 마귀 자식에서 하나님 자녀가 되는 것같이 이야기하는 것을 보았는데 이는 큰 오해이다. 왜냐하면 영적 구원을 받는다는 것은 하나님의 식구가 되는 것인데 하나님의 식구가 되기 위해서는 하나님으로부터 하나님의 생명을 받지 않으면 안 되기 때문이다. 그것은 하나님 자신이 바로 살아계시는 생명 자체이시기 때문이다.

　　그러므로 우리의 구원은 우리의 육체가 살아 있을 동안에 우

지식으로만 알고 있는 전자를 종교인이라고 하고 실제 체험을 거친 후자를 신앙인이라고 한다. 그러므로 성경을 많이 알고 하나님에 관한 지식이 많다고 해서 반드시 믿음이 좋은 것은 아니라는 말이다. 왜냐하면 체험과 지식은 별개의 것이기 때문이다. 즉 확고한 믿음은 단순한 지식이 아니라 사실의 확인을 거친 체험에 기초하기 때문이다.

그것은 마치도 우물 안에만 살고 있는 올챙이가 개구리로 탈바꿈하지 않고는 듣기만 하는 우물바깥 개구리의 세계를 전혀 알 수 없는 이치와도 같은 것이다. 종교인 중에는 신학자들이 많다고 한다. 성경을 지식으로 배워서 학문으로 연구하기 때문이라고 한다.

리의 영혼 속에 하나님의 생명을 받아야 한다. 알곡과 쭉정이란 무엇을 말하는가? 알곡은 하나님의 말씀으로 영글어 있는 영혼이고 쭉정이는 그 속에 하나님의 말씀이 없는 텅 빈 영혼이다, 고로 알곡은 천국곡간에 들이나 쭉정이는 풀무 불에 던져 넣는다고 하였다. 그리고 보면 신앙인의 영혼은 알곡이고 종교인의 영혼은 쭉정이 임에 틀림없는 것이다.

내 영혼에 하나님의 생명을 받으려면 우리의 육체가 살아있을 동안만 가능하므로 육체는 기회인 것이다. 그러므로 우리는 우리의 육체가 살아있을 동안에 예수님을 똑똑히 영접하여 한 사람의 종교인이 아니라 먼저 한 사람의 진실한 신앙인이 되어 놓고 보아야 할 일이다.

믿음이 좋다든지 믿음이 형편없다고 할 때도 마찬가지이다. 믿음이 좋다, 나쁘다, 할 경우에도 이 믿음을 가늠하는 기준이 무엇인가가 문제가 되지 않을 수 없다. 대부분의 평가는 그 사람의 율법적인 믿음 행위를 보고 평가하는 수가 많다.

예를 들어 새벽기도에 열심히 나온다든가, 주일날 예배참석 성적이 좋다든가, 헌금을 많이 한다든가, 봉사를 잘 한다든가, 금식을 많이 한다든가 또는 교회를 잘 받들고 목사를 잘 섬기며 구제사업을 많이 하고 열심일 때 그 사람의 믿음이 좋다고 이야기하게 된다.

이처럼 오늘날의 믿음의 현장은 그 내용 즉 그 사람의 영혼의 상태는 어찌 되었건 우선 겉으로 보이는 율법적인 행위와 열심과 성의가 돋보이면 그가 무조건 좋은 믿음을 가진 것으로 인정받는 것이 보편화 되어 있는 것이 현실이다.

그러나 이러한 평가는 신본주의 종교인 기독교에서는 인정을 받을 수 없는 것이다. 왜냐하면 인본주의 종교에서는 그 개인의 열심과 성의, 착한 행위와 삶이 그 사람 자신의 마음속에서 우러나오는 대로 행하고, 그것이 다른 사람들로부터 인정을 받으면 그것으로 만족하겠지만, 신본주의 종교인 기독교에서는 그렇지가 않기 때문이다.

기독교에서는 반드시 그 사람의 마음이 하나님의 말씀으로 거듭나고 그 거듭난 마음 바탕위에서, 즉 자기 속에 하나님이 계시는 마음에서 나온 열심과 성의, 착한 행위와 삶이 다른 사람들뿐 아니라 반드시 하나님으로부터 인정을 받아야 한다는 사상이다. 왜냐하면, 그의 영(믿음)이 하나님의 영으로 거듭나지 못하여 하나님의 생명이 그 속에 없으면 하나님의 저주아래 있는 마음이므로 이 저주 아래 있는 마음속에서 비롯한 행위나 열심이 하나님으로부터 인정받을 수 없는 것은 당연한 것이기 때문이다.

그러므로 이 자의 영혼이 구원을 받지 못하므로 그 자가 여태까지 행해온 모든 율법적인 행위와 열심이 다 그 저주 아래 있는 영혼과 함께 지옥불에 던져지고 말 것이기 때문이다. 즉 죄씻음을 받지 못하여 거듭나지 못한 마음은 마귀에게 사로잡혀 있는 악한 심령이기 때문에 이 심령에서 나오는 생각과 행동이 마귀적이고 악할 뿐만 아니라 죽을 때도 그 영은 악한 영이 될 수밖에 없는 것이다. 이 경우에 하는 방언은 그것이 방언은 방언이되 하나님의 방언이 아니고 마귀방언인 것이다.

그러나 하나님의 말씀 즉 하나님의 생명으로 거듭나서 그 마음이 완전히 하나님의 마음으로 바뀌어 이미 하나님의 가족이 되어있는 자들로부터는 그 선한 마음속에서 나오는 행위와 삶도 선할 뿐 아니라 그 영이 그 육체와 분리되는 경우에도 선한 영이 되어 이미 그 선한 영속으로 내주해 계셨던 성령님과 더불어 천사의 들림을 받아서 낙원 천국으로 옮겨지게 되는 것이다.

육체의 탈을 벗고 난 영혼, 즉 죽은 후에 심령은 그 육체가 죽는 순간에 가지고 있었던 그 자의 마음이므로 불신자는 물론이고 비록 예수님을 믿었던 자일지라도 그 자가 죽는 순간까지 그 자의 마음속에서 예수님의 생명을 받아 예수님께서 그 자의 마음속에 살아있지 않았다면, 즉 거듭나지 않았다면 그 자의 영은 저주받은 영으로 하나님께 돌아가지 못하여 낙오된 영으로 음부를 떠돌아다니게 된다.

그러나 예수님을 구주로 영접하여 그자의 심령 속에 예수께서 그 자의 생명으로 살아계시는 자의 마음 바탕은 마귀의 마음에서 백팔십도 하나님의 마음으로 바뀌어 있으므로 그 자의 영이 그 자의 육체와 분리될 때 그 영은 이미 하나님의 가족에 속하는 영이 되어 있어서 죽음의 두려움도 없는 것이다. 왜냐하면 그 자가 죽을 때 자기의 영이 천국 좋은 곳에 갈 것이라는 사실을 미리 알고 있기 때문이다.

그러므로 예수를 믿는다고 하면서 죽음을 두려워하고 무서워하는 자는 아직도 그 자의 영이 거듭나지 못하여 그 자의 마음이 마귀의 속박에서 벗어나 자유로운 상태가 되지 못하고 있다는 증거인 것이다.

그러므로 우리가 어떤 사람을 두고 믿음이 좋다고 이야기할 기독교에서는 반드시 그 사람의 마음이 하나님의 말씀으로 거듭나고 그 거듭난 마음 바탕위에서, 즉 자기 속에 하나님이 계시는 마음에서 나온 열심과 성의, 착한 행위와 삶이 다른 사람들뿐 아니라 반드시 하나님으로부터 인정받아야 한다는 사상이다. 왜냐하면, 그의 영(믿음)이 하나님의 영으로 거듭나지 못하여 하나님의 생명이 그 속에 없으면 하나님의 저주아래 있는 마음이므로 이 저주 아래 있는 마음속에서 비롯한 행위나 열심이 하나님으로부터 인정받을 수 없는 것은 당연한 것이기 때문이다.

때 그 사람의 믿음은 반드시 그 자의 마음이 하나님의 영으로 거듭나고 난 후의 성령충만에서 오는 열심, 행위 그리고 그 삶이 예수님의 성품을 닮아가면서 하나님의 이름을 빛내고 하나님께 영광을 돌리기 위한 것일 때라야 비로소 좋은 믿음이라 할수 있을 것이다.

그래서 좋은 믿음의 기준은 첫째는 하나님의 식구가 되기 위한 열심, 즉 거듭나기 위한 열심과 노력이 돋보일 때, 둘째는 거듭나고 난 후의 성화를 위한 열심, 즉 거듭난 후에 예수님의 성품을 닮아가기 위한 열심과 노력이 돋보일 때이다. 실은 하나님의 생명이 내 속에 있을 때는 내 노력과 열심이 아니더라도 저절로 예수님의 성품을 닮아가게 된다. 이것이 거듭난 증거이기도 한 것이다.

셋째는 성도의 삶을 통하여 세상의 빛과 소금의 역할을 함으로써 하나님의 이름을 빛내고 하나님의 위대하심을 드러내고 하나님께 영광을 돌리기 위한 열심, 즉 내가 신령한 몸의 영광을 입고 천국에 갈 때 하나님으로부터 착한 종에게 주어지는 상급을 위한 열심과 노력이 돋보일 때라야 비로소 믿음이 좋다고 인정을 받아야 할 것이다. 이 경우의 믿음이 바로 사람들에게도 인정받고 하나님에게도 인정받는 최상의 믿음 즉 상하좌우 믿음인 것이다.

이 단계를 거치지 않고 기울이는 열심과 노력은 마치 수학문제를 풀 때 수학공식에 대입 하지 않고 문제를 풀겠다는 경우와 다름이 없다. 왜냐하면 첫 단계의 거듭나는 과정을 거치지 않고는 둘째 단계의 참다운 성화를 위한 열심과 노력이 불가능할 뿐 아니라 셋째 단계의 상급을 위한 노력과 열심이 다 허사가 되고 말기 때문이다.

하나님 없이 행한 착한 행위나 열심과 성의는 다 그 자신의 행위와 열심과 노력에서 나온 것이기 때문에 하나님으로부터 인정을 받을 수 없다. 따라서 그 자가 지옥 불에 던져질 때 함께 던져지고 말 것이다.

그러므로 내 자신의 공과는 죽은 공과이므로 하나님께 인정을 받지 못하고 좋은 믿음으로도 인정을 받을 수 없는 것이다. 한편 하나님께서 내 속에 계심으로써 이룩된 공과만이 하나님께 인정을 받는 진짜 공과이므로 좋은 믿음으로 인정을 받을 수 있는 것이다.

예를 든다면 어떤 회사에 직장을 구할 때 기술을 완전히 익힐 때까지는 봉급을 받지 못하는 무보수 견습공이라는 것이 있다. 이 견습공이 일정한 기간을 견습한 후 만족할 만한 기술자가 되었을 때는 그 기술을 익힐 동안 밀렸던 봉급을 계산 받지만 그가 기술을 익히지 못하여 낙오자로 탈락될 때는 그때까지 기울였던 모든 노력이 다 허사가 되고 마는 것이다.

또는 육군사관학교에 입학했던 자가 훈련성적이 나쁘면 졸업해서 장교로 임관을 받기 전에 퇴교를 당하든지 또는 사병으로 전역함으로써 그때까지의 모든 노력이 다 허사가 되고 마는 경우도 마찬가지이다.

이와 같이 평소 우리의 믿음행위가 다 아름답고 성스럽게 보일지라도 이 믿음의 결국은 영생구원이므로 내 육체의 목숨이 끝나는 순간까지 내 영속에 이 영생구원의 필요충분조건인 성령의 소유가 실현되지 않았다면, 즉 거듭나지 않았다면, 하나님의 생명을 소유하지 못했다면, 또는 하나님의 식구가 되지 않았다면, 그때가지의 아름답고 성스럽고 고귀하기만 했던 모든 착했던 믿음의 행위가 다 물거품이 되고 마는 것이다. 왜냐하면 평생을 통한 이 사람의 믿음이 결국은 지옥형벌로 연결되고 말기 때문이다.

그렇다면 거듭남은 어떻게 해서 일어나는가?

요한복음 3;3은 "예수께서 대답하여 가라사대 진실로 너희에게 이르노니 사람이 거듭나지 아니하면 하나님 나라를 볼 수 없느니라" 하였고 또 3;5에도 "예수께서 대답하시되 진실로 네게 이르노니 사람이 물과 성령으로 나지 아니하면 하나님 나라에 들어갈 수 없느니라 육으로 난 것은 육이요 성령으로 난 것은 영이니 내가 네게 거듭나야하겠다 하는 말을 기이히 여기지 말라"고 하여 하나님 나라에 들어가기 위해서는 반드시 우리의 영이 하나님의 말씀과 성령으로 거듭나지 않으면 안 된다고 못을 박아 놓고 있다.

심지어 예수님께서는 "거듭나야 된다"는 말을 "기이히 여기지 말라"고까지 다시 한 번 더 강조하시고 계시는 것이다. 그러므로 예수님을 믿음으로 하나님 앞에 의로운 자가 되는 것은 바로 믿음을 통하여 우리의 영이 하나님의 말씀으로 거듭날 때만이 가능한 것이다.

그러면 영이 거듭나는 것이 무엇이며 또한 영이 거듭나려면 어떤 과정을 거쳐서 거듭나는 것인가?

하나님 없이 행한 착한 행위나 열심과 성의는 다 그 자신의 행위와 열심과 노력에서 나온 것이기 때문에 하나님으로부터 인정을 받을 수 없다. 따라서 그 자가 지옥 불에 던져질 때 함께 던져지고 말 것이다.
그러므로 내 자신의 공과는 죽은 공과이므로 하나님께 인정을 받지 못하고 좋은 믿음으로도 인정을 받을 수 없는 것이다.

우선 사람의 출생은 남여의 결합으로 수정에 의하여 새로운 생명이 잉태되는데 이를 임신이라 하고 임신된 상태로 자궁 속에서 자란 생명이 10달 후에 세상에 나오는 것을 출산 또는 분만이라 한다. 이 삶이 육이 번식하는 과정이라 한다면 영이 태어나는 과정도 이와 흡사하다고 하겠다.

교회나 부흥집회에서 설교, 찬송, 신앙 간증을 듣거나 또 가정이나 도서관, 직장 등에서 성경, 신앙에 관한 서적, 신앙잡지, 간증집, 신앙 수필집, 기독신문 등을 섭렵하는 중 우리의 눈과 귀와 피부를 통하여 하나님의 복음을 우리 속으로 흡수한다. 이와 같이 무수한 하나님의 말씀이 우리 속으로 들어오는 것은 마치도 무수한 남자의 정자가 여자의 자궁 속으로 주입되는 현상과 같다 하겠다.

이 경우 육체의 수정인 경우에는 어느 경우에나 똑같은 공식적인 과정이 반복되나 영이 거듭나는 경우에는 사람에 따라서 그 적용되는 과정이 서로 달라진다. 그것은 '자아'라는 벽 때문이다. 우리의 자아의 벽은 지식, 학력, 교만, 금력, 사회적 지위, 잘났다는 인식, 시기, 질투, 명예, 권력, 특수교단, 교파, 교회의식, 교회직분 등에 의하여 형성되는데 이는 마치도 우리가 설교를 할 때 임신을 방지하기 위하여 사용하는 콘돔과도 같은 존재이다.

즉 남자의 씨가 여자의 난자에 심어질 때 육의 수정이 가능한 것같이 하나님의 말씀이 이 자아의 벽을 뚫고 영과 합쳐질 때 그 말씀 속에 있는 하나님의 생명이 영에 심어짐으로써 영이 말씀으로 거듭나게 되는데, 사람은 다 저 잘난 맛에 산다는 말처럼 대부분의 사람들은 이러한 여러 가지 콘돔으로 자기들의 마음 입구에 '자아'라는 높은 벽을 쌓아놓고 있기 때문에 하나님의 말씀이 무수히 들어오는 데도 불구하고 그 말씀이 이 자아의 벽을 뚫고 마음을 거쳐 영까지 파고들어 가기가 거의 불가능할 정도로 힘이 든다. 그래서 그 영이 하나님의 말씀으로 거듭나는 것이 결코 쉬운 일이 아닌 것이다.

그러므로 아무리 교회를 오래 다니고 설교를 많이 듣고 성경을 많이 읽더라도 이 '자아의 벽'이 허물어져 하나님의 말씀이 영까지 파고들지 않는 이상, 그 영이 하나님의 생명으로 거듭 날

수 없고 따라서 하나님과의 교제나 영적성장이나 영적변화를 기대할 수 없는 것이다.

이것은 마치도 무수한 정자가 질을 통하여 자궁 속으로 주입이 되더라도 난자와의 수정이 일어나지 않는 한 생명이 잉태되지 못하고 다 무위로 끝나는 것과 마찬가지로 아무리 말씀을 속으로 많이 받아들여도 그 말씀이 영과 합쳐 거듭나지 않는 한 머릿속에 지식으로만 쌓일 뿐 다 무위로 끝나기 때문에 10년, 20년, 30년을 교회에 다니고 말씀을 공부하더라도 아무 변화도, 기쁨도, 마음의 평안도, 감동도 없고 영적인 자유도 누리지 못하는 것이다.

그러므로 이 자아의 벽을 허무는 것이 하나님을 믿는 자들 모두가 해결하지 않으면 안 되는 최대의 과제이고 관심사인 것이다. 따라서 우리는 어떻게 하면 이 자아의 벽을 허물고 하나님의 말씀을 영까지 파고들게 하여 영과 합쳐져서 우리의 영이 하나님의 생명으로 거듭날 수 있는가를 극복하지 않으면 안 될 것이다.

그렇다면 이 자아의 벽을 허무는 방법은 과연 무엇일까?

첫째는 타의에 의한 강압적인 방법이고 둘째는 자의에 의한 자발적인 방법이다.

첫째, 타의에 의한 강압적인 방법으로는 여러 가지가 있겠

둘째로 자의에 의한 자발적 방법이란 하나님께서 인간을 창조하실 때 그 개개인에게 개개인 스스로가 스스로의 의지에 따라서 스스로 생각하고 행동하며 선택하고 살 수 있는 자유의지를 주셨으므로, 앞에서 본 강압적인 수단과는 달리, 자신이 스스로의 의지에 따라서 어떤 삶을 선택하여 어떻게 살아야 할 것인가를 스스로 깨닫는 것이다. 그리고 하나님 앞에 자기의 죄와 허물과 잘못을 스스로 내려놓고 회개를 통하여 자신의 교만과 자만과 오만을 꺾고 스스로 자아의 벽을 허물어뜨리는 것을 말한다.

지만 대체로 갑자기 암과 같은 큰 병으로, 교통사고에 의한 불구로, 재기 불능일 정도의 사업실패로, 또는 이혼이나 자녀, 아내, 부모, 형제, 친구 등의 죽음과 기타 각종 사고로 인하여 물질적, 정신적, 육체적 고통을 당할 때 느낄 수 있는 방법이다.

왜 하필이면 나야? 내가 무엇을 잘못했기에 나에게 이런 일이 생기는 거야? 내가 어떤 존재이며 왜 여기에 왔고, 또 어디로 가고 있으며, 내 삶의 목표가 무엇이고, 인생의 가치가 무엇인가? 그러면 이런 문제들을 어떻게 해결해야 할 것인가? 등등을 되새겨 봄으로써 자아를 허무는 것이다.

즉, 이런 것들이 다 하나님과 나와의 잘못된 관계정립에서 온 결과라는 사실을 깨닫고 비로소 하나님 앞에서 나의 죄와 허물과 부족함을 깨닫고 지금까지의 나의 잘못된 삶에서 돌아서서 앞으로는 더 이상 하나님께서 원하시지 않는 일을 하지 않고 올바른 삶을 살 것을 하나님 앞에 무릎 꿇어 맹세하게 되는데 이것이 회개이다.

이 회개라는 과정을 통하여 나는 출생시부터 이미 죄로 죽은 존재이며 하나님 앞에 돌이킬 수 없는 죄인으로 하나님의 자비를 통하여 죄 문제를 근본적으로 해결하지 못하는 한 죽어 지옥 갈 운명을 피할 수 없는 무능하고 별 볼일 없는 존재라는 사실을 깨닫고 진심으로 하나님 앞에 뉘우치고 용서를 구할 때 나의 교만과 오만과 자만과 더불어 나의 자아의 벽도 함께 허물어지고 마는 경우이다.

둘째로 자의에 의한 자발적 방법이란 하나님께서 인간을 창조하실 때 그 개개인에게 개개인 스스로가 스스로의 의지에 따라서 스스로 생각하고 행동하며 선택하고 살 수 있는 자유의지를 주셨으므로, 앞에서 본 강압적인 수단과는 달리, 자신이 스스로의 의지에 따라서 어떤 삶을 선택하여 어떻게 살아야 할 것인가를 스스로 깨닫는 것이다. 그리고 하나님 앞에 자기의 죄와 허물과 잘못을 스스로 내려놓고 회개를 통하여 자신의 교만과 자만과 오만을 꺾고 스스로 자아의 벽을 허물어뜨리는 것을 말한다.

이러한 과정을 거쳐 자아의 벽이 허물어질 때, 이 허물어진 자아의 벽을 통하여 들어온 수많은 말씀 중에서 특정한 몇몇 말씀이 아담 조상 때부터 죄로 죽어 유전으로 나에게까지 분리되어 온 나의 잠자는 영을 살리심과 동시에 새로이 생명을 얻어 살아난 내 영속에 성령을 주셔서 이때부터 나의 삶을 영원히 주관케 하신다.

이와 같이 지금까지 죽어 있던 내 영이 하나님의 말씀을 통하여 하나님으로부터 새 생명을 받아 다시 태어나는 것을 영의 거듭남 또는 중생이라 한다.

이리하여 그 허물어진 자아의 벽을 통하여 하나님의 말씀이 영에 공급될 때 내 영의 직관이 말씀 속에 담겨있는 하나님의 뜻을 이해하고 또 내 영을 둘러싸고 있는 내 마음이 내 영의 직관이 이해한 하나님의 뜻을 두뇌를 통하여 각 지체로 전달함으로써 우리의 생각으로, 행위로, 삶속으로 나타나게 되는데 이것이 거룩한 삶이고, 성도의 삶이며, 하나님의 자녀로서 말씀을 명령으로 받고 그 명령에 순종하며 사는 삶이다.

이리하여 한번 통과한 경험에 따라서 매일 매일 영의 양식으로 계속 공급되는 말씀을 내 영이 먹고 성장하면서 내 성품이 예수님의 거룩한 성품을 닮아가게 되는데 이를 성화라고 한다.

이러한 성화에는 거듭날 당시에 받는 즉시 성화와 일상의 생활 속에서 점진적으로 예수님의 거룩한 성품을 닮아가는 점진 성

> 이러한 사실들은 모두 지금까지 마귀에게 사로잡혀 있
> 었던 내 마음이 말씀에 의하여 거듭남으로써 이제는 마
> 귀 마음과는 180도 전혀 다른 하나님의 마음으로의 탈
> 바꿈을 의미하는 것이다. 그리고 이 탈바꿈은 부분적이
> 거나 일시적인 개량(improvement)이나 개선(Better-
> ment)으로서의 탈바꿈이 아니라 일평생 계속되다 죽어
> 서 하나님의 심판대 앞에서 비로소 완성되는 총체적이
> 고도 완전한 개조(Transformation)로서의 탈바꿈을 의
> 미하는 것이다.

화와, 우리가 이 세상 삶을 살고 죽어 저 세상에 갔을 때 완성되
는 총체적인 성화가 있다.

　이러한 성화의 삶을 통하여 내 영이 성장하고 강해져 그 힘
이 넘쳐 내 육체까지를 사로잡을 때 육체 속에 숨어있던 마귀세
력이 쫓겨감으로 육체적 질병도 사라지게 되는데 이를 성령충만
이라 한다.

　이와 같이 우리가 철저히 자아의 벽을 허물고 회개로 죄사함
받고 내 속에 하나님의 생명을 소유하여 양자의 영을 받고 후사
인 자녀로 성령의 인도를 받으며 자녀로서의 권세를 누리고 살아
보아야 예수 믿는 것이 얼마나 귀하고 보람된 축복인가를 알게
되는 것이다.

　이런 과정의 체험을 베드로는 사도행전 2:38에서 "너희가

회개하여 각각 예수 그리스도의 이름으로 세례를 받고 죄사함을 얻으라 그리하면 성령을 선물로 받으리니" 라 하였고, 예수님께서는 요한복음 3:3에서 "진실로 진실로 네게 이르노니 사람이 거듭나지 아니하면 하나님 나라를 볼 수 없느니라" 그리고 또 5절에서 "진실로 진실로 네게 이르노니 사람이 물과 성령으로 나지 아니하면 하나님나라에 들어갈 수 없느니라"고 말씀하신 것이다.

이러한 사실들은 모두 지금까지 마귀에게 사로잡혀 있었던 내 마음이 말씀에 의하여 거듭남으로써 이제는 마귀 마음과는 180도 전혀 다른 하나님의 마음으로의 탈바꿈을 의미하는 것이다. 그리고 이 탈바꿈은 부분적이거나 일시적인 개량(improvement)이나 개선(Betterment)으로서의 탈바꿈이 아니라 일평생 계속되다 죽어서 하나님의 심판대 앞에서 비로소 완성되는 총체적이고도 완전한 개조(Transformation)로서의 탈바꿈을 의미하는 것이다.

이 개조로서의 탈바꿈은 구약에서 짐승의 피로 계속 반복하여 영원히 드려야할 제사를 예수께서 십자가에 피 흘려 죽으심을 통하여 자기 육체를 단번에 드려주심으로 우리를 우리의 모든 죄에서 영구히 해방시켜 하나님 앞에 100% 허물이 없는 완전한 자로 세우셔서 우리가 더 이상 죄를 위하여 다른 제사를 드릴 필요가 없게 하셨으며 또 지금 이 시각에도 하나님 앞에 우리의 제사장으로 또 대언자로 우리의 허물과 죄를 그때그때 아버지께 간구하여 계속 용서를 받아 주심으로 자녀로서 세상과 마귀권세를 이기고 살다가 언제 어디서 죽어도 하늘나라 가는데 조금도 지장이 없도록 만들어 주셨음을 의미하는 것이다.

따라서 이런 과정을 거쳐 하나님의 자녀로 변신한 우리는 어떤 사람인가?

* 이전에는 불안, 초조, 긴장, 시기, 질투, 분노, 화, 기질 등의 마귀적인 성품에 사로 잡혔던 자였으나 이제는 평안, 기쁨, 만족, 온유, 절제, 사랑, 행복, 이해, 용서 등의 하나님 성품에 사로잡힌 자로 탈바꿈한 자이다.
* 이전에는 마귀적인 마음을 가지고 마귀적인 삶을 살았으나 이제는 마귀적인 삶을 탈피하고 하나님적인 마음을 가지고 하나님적인 삶을 사는 자로 탈바꿈한 자이다.
* 이전에는 하나님을 향해서는 죽고 죄에 대하여 산자였으나 이제는 죄에 대하여는 죽고 하나님을 향하여 산 자로 탈바꿈한 자이다.
* 이전에는 죄와 사망의 법에 매여 율법의 저주 아래 있는 자였

으나 이제는 생명의 성령의 법에 의하여 은혜 아래에 있는 자로 탈바꿈한 자이다.

* 이전에는 마귀의 옷을 입은 옛사람에서 이제는 마귀의 낡은 옷을 벗어던지고 예수님의 의의 새옷으로 갈아입은 새로운 피조물로서의 새사람으로 탈바꿈한 자이다.

* 이전에는 마귀로부터 고통과 괴로움을 당하고 산자였으나 이제는 예수님의 도우심으로 마귀의 권세를 짓밟고 세상을 이기고 사는 자로 탈바꿈한 자이다.

* 이전에는 이 세상 삶을 끝내고 저 세상에 갈 때에 영원한 죽음과 형벌의 지옥불에 떨어질 자였으나 이제는 하나님의 심판대 앞에서도 아무런 하자와 허물이 없는 온전한 자로 백 퍼센트 천국 입성을 보장받은 존재로 탈바꿈한 자이다.

따라서 이와 같이 하나님으로부터 양자의 영을 받은 구별된 자로서의 우리는 아무렇게나 살아야할 자들이 아니라 깨끗하고 청결한 마음으로 하나님의 말씀을 명령으로 받고 그 명령을 실천하며 세상의 빛과 소금으로 사는 자들인 것이다. 그리고 자신과 세상을 이기고 사는 자들로서 이 땅에 살고는 있으나 이 땅에 속한 자가 아니요, 하늘에 속한 성도로서 지금 현재 이 땅에서 하늘나라의 삶을 살고 있는 것이다.

고로 우리 성도들의 육체적 죽음은 이 땅에서 하늘나라를 소유하고 이 땅에서 하늘나라의 삶을 경험한 우리의 영이 우리의 육체가 더 이상 쓰임을 받지 못할 때 우리 속에서 우리와 함께 살며 우리의 삶을 지켜 주시고 인도하여 주셨던 성령님과 더불어 천사의 들림을 받아 천국 새집으로 이사 가는 것이다.

　　따라서 성도의 삶은 이런 삶이 되는 것이다.

* 이 땅에 것을 생각지 않고 위에 것을 바라보고 사는 삶이다.
* 자기 속에 거하시는 성령님의 인도로 말씀에 따라 사는 순종의 삶이다.
* 마귀 마음에서 180도 바뀐 하나님의 마음으로 사는 신령한 삶이다.
* 마귀 짓을 하며 살던 옛 사람을 벗고 새로운 피조물로 사는 신령한 삶이다.
* 의로운 삶, 즉 믿음으로 사는 삶이다.
* 예수님의 거룩한 성품을 닮아가는 삶, 즉 성화되어 가는 삶이다.
* 이 땅에 살고 있으나 이 땅에 속한 자가 아니요, 하늘나라에 속한 자로 이 땅에서 이미 하늘나라의 삶을 살고 있는 자이다.
* 세상의 빛과 소금으로 남과 이웃에게 사랑을 실천하며 예수님

을 세상에 나타내어 하나님께 영광을 돌리며 사는 삶이다.

* 죄를 짓지 않고 마귀권세와 세상을 이기며 하나님을 증거하며 사는 능력의 삶이다.

* 구제, 봉사 등의 선한 삶을 통하여 하늘나라에 상급을 쌓으며 사는 삶이다.

* 그 속에 계시는 성령의 지시에 순종하므로 하나님의 도구로 쓰임을 받는 충성된 삶이다.

* 그 영이 그 양식인 말씀을 먹고 성장하여 영을 사로잡고 그 힘이 넘쳐 그 육체까지 사로잡아 육체 속에 숨어있는 마귀세력을 쫓아내고 육체적 질병까지도 다스리고 사는 능력의 삶이다.

* 죽기 전에 예수님께서 공중재림하실 때 그 속에 계시는 성령님과 더불어 그 영이 휴거되는 신령한 삶이다.

* 자기에게 배정된 천사를 부리며 그 천사의 도움과 보호를 받고 사는 능력의 삶이다.

* 자신의 죄와 허물을 깨닫고 통회하는 마음으로 회개하여 죄용서 받고 그 속에 양자의 영을 받고 후사가 되어 인도를 받고 사는 거룩한 삶이다.

* 신령하고 거룩한 삶을 통하여 성령의 열매를 맺음으로 자기에게 일어나는 변화를 자기 스스로가 인지하며 사는 삶이다.

* 그 마음속에 천국을 소유하고 사는 삶이다.

드디어 이러한 성도의 삶을 통하여 하나님의 영광에 이르게 된다. 이 영광은 총체적이고 완전한 성화의 마지막 단계로써 우리의 육체가 껍질을 벗고 하늘나라에 감으로써 완성된다.

　　그것은 우리의 몸이 신령한 몸으로 변화된다는 것, 즉 우리의 몸과 영혼이 연합하는 것으로 그리스도의 공중재림 때 완성된다. 이때 우리 성도의 구원이 완성되며 우리는 예수님처럼 변화된 몸으로 주 예수님을 뵙게 된다.

믿음의 신비

동물과 달리 인간은 영물이라 그 속에 영이 있고 이 영이 활동하는 보이지 않는 세계가 있다. 이와 같이 실제로 존재하고 있으나 눈에 보이지 않는 세계를 우리는 '정신세계, 영적세계, 믿음의 세계' 또는 '신의 세계'라 한다.

그런데 보이지 않는 이 믿음의 세계를 보기 위한 수단이 믿음이다. 그리고 믿음이라는 보이지 않는 수단을 통하여 믿음의 눈과 귀를 가지게 될 때, 이 믿음의 눈과 귀가 그러한 세계를 보고 듣게 하는 것이다.

그리고 믿음이 깊어지면 깊어질수록 믿음의 눈과 귀가 더 밝아져서 이 믿음의 세계를 더 잘 알 수 있게 되는 것이다. 고로 이 믿음의 눈과 귀를 영적인 눈과 귀라 하고 이 영적인 귀와 눈이 듣고 보는 바를 따라 생활하는 것이 영적생활이고 이 영적생활이 그 삶의 중심이 될 때 이를 영적인 삶 또는 신앙적인 삶이라 한다.

인간에게는 그 마음속에 이런 믿음을 가질 수 있는 장치가 되어 있어서 누구나 다 믿음을 가질 수 있고 실제로 믿음을 가지고 있는 것이다. 심지어는 하나님을 믿지 않는 불신자들도 어느 정도의 믿음을 다 가지고 있다. 그러므로 하나님을 믿지 않는 일반종교에서는 그 종교를 믿는 자가 단순히 그 종교를 '믿는다' 하고 믿으면 된다. 그 믿음의 대상이 생명이 없는 존재이므로, 이런 믿음을 혼적 믿음 또는 인간적 믿음이라 한다.

그러나 기독교에서는 그 믿음의 대상인 하나님께서 살아계시는 생명체이고 인격체이시므로 우리가 가지는 믿음이 하나님의 생명과 인격과 밀접한 관계를 맺게 되는 것이다. 그것은 믿음을 통하여 우리의 영이 하나님으로부터 생명을 받아 수면상태에서 잠을 깨는 순간부터 그 양식인 말씀을 먹고 자라는 만큼 그 힘이 강해지고 그 힘이 강해지는 만큼 우리의 믿음도 더불어 자라고 깊어지기 때문이다.

따라서 믿음은 생명이라는 수단을 통하여 우리와 하나님과를 연결하는 끈이다.

이 믿음의 끈이 어느 정도로 튼튼하고 단단한가를 하나님께서는 꼭 시험하시고 이 시험에 합격하면 우리에게 믿음의 보증을 주신다. 그리고 이 믿음의 보증에는 이 믿음을 보증할만한 증거가 있어야 하는데 이 증거가 바로 하나님의 아들 안에 있는 영생

> 오늘날의 교회와 교계가 영적 부흥과 성장보다는 물질
> 만능주의에 의한 부정부패로 쇠퇴와 쇠락의 내리막길을
> 걷고 있는 이유는 바로 한국의 어떤 이단 연구소가 주장
> 하는 것처럼 '구원의 확신이 없어도 성령 받고 천국 간
> 다'와 같이 뜨뜻미지근하고 흐리멍덩하고 애매모호한
> 말로 신앙의 표준을 낮추어서 '값싼 은혜다' '유치
> 한 구원이다' 하는 희한한 복음지식과 교리로 아주 쉽
> 고 편리하고 간편하고 안이한 방법에 구원이 있는양 가
> 르쳐서 교인들에게 확고한 뿌리신앙을 심어주지 못하기
> 때문이다.

이고, 이 영생은 바로 아버지와 동시에 아들의 생명인 성령인 것
이다.

　고로 내가 영생을 가지기 위해서는 아버지와 아들의 생명인
성령을 내 속에 소유해야 한다. 그리고 이 성령을 내 속에 소유하
기 위해서는 내가 나의 죄인됨과 내가 지금까지 지은 죄를 회개
하고 하나님으로부터 죄 용서를 받아야 한다.

　이런 과정을 거쳐 성령께서 내 속에 내주하시면 하나님께서
나의 아버지시며 내가 하나님의 아들임이 내 마음속에 저절로 믿
어짐과 동시에 내가 언제 죽어도 내 영혼이 틀림없이 꼭 천국에
간다는 확신이 내 마음속에 이루어지는데 이를 '구원의 확신'
이라 한다.

　이 구원의 확신이 중요한 이유는 진실한 믿음은 내가 혼자서

일방적으로 '믿습니다' 하고 믿는 믿음이 아니고 성령께서 내 속에서 나의 확실하고 진실하고 견고한 믿음을 보증하시고 인쳐주심에서 오는 확신에 의하여 내 마음속에 저절로 믿어지는 '믿음' 이라야 하기 때문이다.

즉 '믿습니다' 하는 내 믿음의 화살이 '정확한 믿음이라는 과녁'을 통하여 예수님 안에 있는 '구원' 이라는 표적을 정확히 쏘았다면 반드시 하나님으로부터 '관중이요' 라는 신호를 받게 되는데 이 '관중' 이라는 신호가 바로 구원의 확신인 것이다.

따라서 구원의 확신은 내 속에 받아들인 하나님의 생명의 말씀에서 오는 거듭난 확신으로 예수를 올바르고 정확하게 믿는 자들에게 따르는 당연한 표징이고 증표인 것이다. 그 이유는 일반 종교에서와는 달리 기독신앙에서는 그 믿음의 대상인 하나님께서 살아계시는 인격체이시기 때문이다.

따라서 믿음을 이야기할 때 우리는 종종 다음의 질문들을 받는다.

"구원을 받았습니까?"

"죄사함을 받았습니까?"

"성령을 받았습니까?"

이런 때 너무도 많은 신자들이 퍽이나 당황한다. 그것은 교

회를 다니면서 예수를 믿고는 있으나 진실로 거듭난 경험을 하지
못하고 있기 때문이다. 만일 확실히 거듭난 경험을 통하여 구원
을 받는 자들이라면 그런 질문을 받았을 때 "물론이지요. 그런
데 당신은요?"라며 질문 자체를 오히려 크게 반기고 기뻐할 것
이다. 반면 거듭나지 못하여 아직 그 속에 구원의 확신을 가지지
못한 자들로부터는 "네가 뭔데 나한테 그런 질문을 하는가?"
와 같은 퉁명한 인상을 받거나 또는 "세례 받았습니다"와 같은
엉뚱한 답변을 듣게 된다.

따라서 구원의 확신이 없는 신앙은 모래 위에 지은 집과 같
고, 기초 없이 쌓아올리는 탑과 같은 신앙이다. 맛을 모르고 먹는
음식과도 같고 환난이나 역경이 닥치면 금방 변질되고 무너지는
신앙이다.

신앙생활은 하면서도 의심과 의문에 휩싸인 신앙이고 마치도
구정물을 마시는 것과 같이 뜨뜻미지근하고 덤덤한 신앙이다. 첫
사랑을 잃어버린 신앙이고 자신이 곤고하고 가련하고 눈멀고 벌
거벗은 줄을 모르는 신앙이다.

자기 도취에 빠져서 자기의 잘못을 알면서도 고치려하지 않
는 신앙이다. 눈감고 길가는 것과 같이 답답하고 하나님의 살아
계심을 증거 하지 못하는 신앙이다. 보통 때는 좋은 신앙처럼 보
이지만 환난이나 위기의 시험이 닥치면 금방 무너지고 마는 신앙

이다.

　고로 확신 없는 신앙은 확실히 병든 신앙이고 죽은 신앙이다. 오늘날의 교회와 교계가 영적 부흥과 성장보다는 물질만능주의에 의한 부정부패로 쇠퇴와 쇠락의 내리막길을 걷고 있는 이유는 바로 한국의 어떤 이단 연구소가 주장하는 것처럼 '구원의 확신이 없어도 성령 받고 천국 간다'와 같이 뜨뜻미지근하고 흐리멍덩하고 애매모호한 말로 신앙의 표준을 낮추어서 '값싼 은혜다' '유치한 구원이다' 하는 희한한 복음지식과 교리로 아주 쉽고 편리하고 간편하고 안이한 방법에 구원이 있는양 가르쳐서 교인들에게 확고한 뿌리신앙을 심어주지 못하기 때문이다.

　구원의 확신이 없어도 성령 받고 천국에 갈수 있는지는 오직 하나님의 절대 주권에 속하는 문제라 하나님께서만 아시고 계시는 사항이겠지만 한 가지 분명한 사실은 그것이 성경에서 제시하고 있는 표준이 아니라는데 문제가 있는 것이다.

　많은 사람들은 구원을 받았는지 않았는지는 죽어서 하나님의 심판대 앞에 서봐야 한다고 한다. 그러나 그때는 이미 때가 늦은 것이다. 왜냐하면 최후의 심판에서 다행히 천국 가는 심판을 받는 경우에는 더없는 영광이겠지만, 만일 억만 분의 일이라도 지옥심판을 받는다면 영원히 뒤돌아 나올 수 없는 운명을 어찌할 것인가 말이다.

따라서 교인들에게 구원과 거듭남의 확신을 심어줌으로써 그들 개개인 하나하나가 다 스스로 확신에 찬 신앙을 소유할 때 그들의 현재 신앙의 틀과 내용에 변화가 일어날 것이고, 더불어 뒤따라 초래될 전반적인 신앙의 체질 개선을 통하여 믿음의 현장에서 교인과 교회와 교계가 당면하고 있는 제반 부조리 현상이 현저히 개선될 수 있을 것이다.

에베소서 2:8-9에 "너희가 그 은혜를 인하여 믿음으로 말미암아 구원을 얻었나니 이것이 너희에게서 난 것이 아니요 하나님의 선물이라 행위에서 난 것이 아니니 이는 누구든지 자랑치 못하게 함이니라" 로마서 10:9-10에 "네가 만일 네 입으로 예수를 주로 시인하며 또 하나님께서 그를 죽은 자 가운데서 살리신 것을 네 마음에 믿으면 구원을 얻으리니 사람이 마음으로 믿어 의에 이르고 입으로 시인하여 구원에 이르느니라."

이상의 두 말씀에서 보면 첫째, 구원은 오직 믿음으로 얻을 수 있으며 둘째, 구원은 은혜로 받는 하나님의 공짜 선물이며 셋째, 구원은 행위로써 얻어지는 것이 아님을 알 수 있다. 또 믿음의 대상은 예수를 주로 시인하는 것이며, 믿음의 내용은 예수님께서 십자가상에서 흘리신 피의 공로 즉 예수님의 죽으심과 부활이며, 믿음의 방법으로는 마음으로 믿어 입으로 시인하는 것이며,

> 그 첫째는, 행위의 법, 즉 죄와 사망의 법인 율법아래서
> 자기 행위와 노력으로 의로워지고 자 함으로써 죄사함
> 을 받겠다는 방법이다. 그러나 어느 누구도 율법을
> 100% 완벽히 지킬 수 없을 뿐 아니라, 율법은 오직 죄
> 를 깨닫게 하는데 목적이 있으므로 이 법을 택하는 자는
> 영원한 멸망을 당할 수밖에 없는 것이다

믿음의 목적은 영생구원에 있는 것임을 알 수 있다(벧전 1:9).
사도행전 2:38에 "베드로가 가로되 너희가 회개하여 각각 예수
그리스도의 이름으로 세례를 받고 죄사함을 얻으라 그리하여 성
령을 선물로 받으리라"고 하여 구원에는 1)회개 2)죄사함 3)성
령을 선물로 받음 등 거쳐야할 3단계가 있음을 보여주고 있다.

　1단계) 회개란 무엇인가? 회개란 원래 '돌아오는 것'을 의
미한다. 즉 하나님으로부터 멀어졌던 우리가 다시 하나님께로 돌
아오는 것을 말하는데, 우리가 하나님께로 돌아오기 위해서는 내
속에 있는 죄가 먼저 씻어져야 한다. 회개는 이 죄사함을 받기 위
한 기초 작업으로 하나님의 생명의 씨앗을 받기 위하여 나의 마
음을 가꾸는 일과 같다 하겠다(눅 13:3; 마1:4; 4:17; 행 3:19;
17:30, 11, 18, 고후 7:10).
　회개를 할 때 무엇을 회개해야할 것인가의 내용으로는 첫째,

내가 태어날 때부터 죄인이라는 사실(아담으로부터 유전 되어오는 원죄 때문에)과 둘째, 지금까지 하나님을 모르고 하나님 없이 내 의지로 살아온 것에 대한 죄책감, 셋째, 예수님의 피의 공로를 모르고 살아온 것에 대한 뉘우침, 넷째, 죄에서 돌아서서 이제부터는 하나님의 뜻대로 하나님께 의지하는 삶을 살겠다는 맹세라 할수 있을 것이다.

2단계) 죄사함은 하나님께 내가 죄인임을 회개한 내용을 인정받고, 하나님으로부터 예수의 보혈로 내 죄 없이함을 받는 것을 말하는데 이 죄사함을 받기 위해서는 내가 하나님 앞에 먼저 의로워져야 한다. 이 의로워지는 방법에는 다음 두 가지가 있다.

그 첫째는, 행위의 법, 즉 죄와 사망의 법인 율법아래서 자기 행위와 노력으로 의로워지고 자 함으로써 죄사함을 받겠다는 방법이다. 그러나 어느 누구도 율법을 100% 완벽히 지킬 수 없을 뿐 아니라, 율법은 오직 죄를 깨닫게 하는데 목적이 있으므로 이 법을 택하는 자는 영원한 멸망을 당할 수밖에 없는 것이다(갈 3;10-12; 2:16).

둘째는, 믿음의 법, 즉 하나님의 은혜의 법인 생명의 성령의 법아래서 의로워지고자 하는 방법으로 2천 년 전 예수께서 십자가상에서 전 인류를 위하여 흘리신 보혈에 의한 영원한 구속과 그의 죽음과 부활을 믿는 믿음으로 내 영이 거듭남으로써 의로워지고자 하는 방법이다(갈 2:16;5:4; 롬 3:21-28).

앞에서 본바와 같이 구원은 오직 죄사함을 받음으로 얻을 수 있으므로 율법 하에서의 의로워지는 방법으로는 죄사함을 받는 것이 불가능하므로 우리는 믿음의 법인 생명의 성령의 법을 택하지 않을 수 없는 것이다.

3단계) 성령을 선물로 받는 일에 관하여서는 하나님의 은혜의 선물인 성령으로 나의 진실한 믿음에 대한 인침을 받는 것이다. 인간은 누구든지 어느 정도의 믿음을 다 가지고 있다. 그러므로 우리는 우리가 구원을 받을 만한 믿음을 가지고 있을 때 비로소 구원을 받을 수 있는 것이다. 그래서 우리는 우리가 가지고 있는 믿음이 구원을 받을 만한 확실한 믿음이 되기 위해서는 우리의 믿음이 반드시 하나님으로부터 인정을 받아야 하는 것이다.

이와 같이 내 믿음이 확실한 믿음으로 인정을 받기 위해서는 회개를 통한 죄사함과 더불어 하나님께 의롭다고 인정받는 믿음, 즉 2천 년 전 예수께서 십자가상에서 흘리신 보혈이 나의 과거, 현재, 미래의 모든 죄를 다 사해 버렸으므로(히 9:12, 10:14,18) 나는 더 이상 죄로 고민할 필요가 없다는 나의 확실한 믿음에 대한 보증으로 주시는 성령을 선물로 받는 일이다.

그러므로 그 사건들 자체대로의 해답을 하나님 손에 맡겨 놓아야할 것이다. 왜냐하면 여기에 믿음의 신비가 작용하기 때문이다. 즉 이런 사실이 전혀 믿어지지 않아 미칠 지경이 된 사람이라도 그 사람 속에 하나님의 영이시고 생명이신 성령께서 들어가시기만 하면 그렇게도 의심하고 믿어지지 않던 모든 성경속의 말씀과 내용이 저절로 성경에 있는 꼭 그대로 가차 없이 믿어진다는 사실이다. 이것이 이상한 믿음의 신비인 것이다.

이와 같이 나의 진실한 믿음에 대한 보증인 성령을 선물로 받으므로 비로소 내가 천국에 갈수 있는 확실한 믿음을 소유한 것이다. 이것이 영생구원이고 여기에 믿음의 목적이 있는 것이다.

그런데 믿음은커녕 안타깝게도 성경이 100퍼센트 믿어지지 않는다는 사람이 의외로 많다.

"진실한 신자는 기적을 갈망하고 있다. 그러나 신학자들은 서둘러 그 기적의 정체가 무엇이며 과연 기적은 믿을 수 있는가"라고 하면서 기적에 대한 의문을 제기하고 있는 기사가 미국 타임지에 난 적이 있었다.

이 기사는 미국 국민 중 기적을 믿는 사람들이 무려 69%나 된다고 하면서도 정작 예수님의 처녀출생을 믿는 사람은 고작 4%에 불과하며 예수님의 부활을 믿는 사람들보다 믿지 않는 사람들의 비율이 압도적으로 높았다고 한다고 적고 있다.

이러한 사실은 또한 몇 년 전 캘리포니아 주 시장조사관인 조지 버리씨의 조사에서도 39%의 전 미국인들이 오늘날 자기들을 거듭난 교인들로 밝히고 있는 사실을 감안한다면 이들이 예수를 잘 믿는다고 하면서도 실은 얼마나 형식적으로 예수를 믿고 있는지를 단적으로 증명하고 있다고 하겠다.

성경을 믿는 것이 바로 예수를 믿는 것인데 성경을 100% 믿지 못하는데 어찌 예수를 잘 믿는다고 할수 있겠는가. 예수를 믿는다고 하면서 성경을 100% 믿지 못한다면 그 믿음에 문제점이 있는 것이다. 이러한 문제점은 과연 어디에서 기인하는 것인가?

성경은 두개의 세계에 대하여 이야기해주고 있다. 즉 보이는 세계와 보이지 않는 세계가 그것이다. 보이는 세계는 물질세계 즉, 우리의 육신적인 눈으로 보는 세계를 말하며 보이지 않는 세계는 정신세계 즉, 우리의 육신적인 눈으로는 볼 수 없으나 영적인 눈 즉, 믿음의 눈으로 보는 세계를 말한다. 그래서 우리는 정신세계 50%와 물질세계 50%를 합쳐 도합 100%의 세계에서 살고 있는 것이다.

그러나 수많은 사람들은 이 정신세계를 보이지 않는다고 부정하고 보이는 세계인 물질세계만을 강조하므로 그들은 반쪽세상만을 살고 있는 셈이다. 그런데 성경은 이 물질세계에서 일어나는 사건과 영적인 세계 즉, 신의 세계에서 일어나는 사건들을 함께 섞어서 기록하고 있다.

그래서 성경을 제대로 이해하기 위해서는 성경을 읽을 때 한쪽에서는 영적인 눈으로 또 다른 한쪽에서는 세상눈으로 읽어야 한다. 그러므로 우리가 성경속의 사건들을 이야기할 때에 물질세계에서 일어난 사건은 물질세계의 공식에 맞추어서 풀어야하고 영적인 세계에서 일어난 사건은 영적인 세계 자체에서 그 해답을 찾아야 한다.

그런데 근대 신학자들이 보이지 아니하는 영의 세계에서 일어난 사건들을 영의 세계 그 자체의 여건에 맞춰 풀이하려고 하지 않고 물질세계의 공식에다 끌어 맞추니 그것들이 맞아 떨어질 리가 없는 것이다.

예를 들면 처녀 출산도, 물위로 걷는 것도, 물고기 다섯 마리로 오천 명을 먹이는 것도 물질세계에서는 불가능하나 신의 세계에서는 얼마든지 가능한 것이다.

그러나 어쨌든 성경에서 보여주고 있는 여러 기적들이 신의 세계에 속하는 사건이면서 실제로는 물질세계에서 일어난 사건들이기 때문에 여러 신학자들이 그것을 물질세계의 과학적 근거에 입각하여 증명코자 하므로 그 해답이 풀리지 않는다고 아우성인 것이다.

그러나 역으로 그 사건들이 인간 세상에서 일어난 일이지만 그것들이 인간의 이해와 능력을 초월한 신의 신비한 방법에 의하여 일어난 것들이기 때문에 능력에 한계가 있는 인간들이 능력의 한계가 무한하신 하나님께서 하나님 방법대로 하신 일을 왈가왈부할 필요가 없는 것이다.

그러므로 그 사건들 자체대로의 해답을 하나님 손에 맡겨 놓아야할 것이다. 왜냐하면 여기에 믿음의 신비가 작용하기 때문이다. 즉 이런 사실이 전혀 믿어지지 않아 미칠 지경이 된 사람이라도 그 사람 속에 하나님의 영이시고 생명이신 성령께서 들어가시기만 하면 그렇게도 의심하고 믿어지지 않던 모든 성경속의 말씀과 내용이 저절로 성경에 있는 꼭 그대로 가차 없이 믿어진다는 사실이다. 이것이 이상한 믿음의 신비인 것이다.

믿음이 이 단계까지 오면 그 기적들이 물질세계에서 증명이 되느냐 아니 되느냐의 문제가 그 사람에게는 하등의 의미가 없어져 버리는 것이다. 그 대신 다만 진실한 신앙은 바로 체험 그 자체이며 성경은 학문적 연구 대상이 아니고 믿음의 대상으로 우리들에게 사실의 확인인 신앙체험을 안내하는 신앙체험교과서라는 사실을 깨닫게 된다.

즉 성경 말씀들을 믿어보려고 해도 믿어지지 않는 것이 큰 문제인 것이다.

많은 신학자들이 학문적 지식으로는 성경에 대하여 모두 다 알고 있으면서도 그들의 마음이 실제 하나님의 마음(영)으로 거듭나 있지 않기 때문에 성경 말씀이 그들에게 저절로 믿어질 리가 없는 것이다. 결과 그들이 성령의 인도와 능력, 즉 그들의 영적능력에 의지하지 않고는 결단코 이해가 불가능한 성경사건들을 인간적인 지식과 인간적인 능력 즉 그들의 흔적능력에 의지하여 이해하려 하기 때문에 그런 억측을 부리고 있는 것이다.

그러므로 성경말씀을 믿기 위해서는 나에게 성경말씀을 믿어지게 해주는 신앙체험을 내가 직접 경험하는 것이다. 이 체험이 바로 사도행전 2:38에 "베드로가 가로되 너희가 회개하여 각각 그리스도의 이름으로 세례를 받고 죄사함을 얻으라 그리하면 성령을 선물로 받으리니" 라고 한 말씀에서 회개와 죄사함과 성령받는 체험과정을 거쳐 성령을 내속에 실제로 소유하는 사실을 말하는 것이다.

성경은 성경의 각권 기록자들이 성령에 감동되어 썼기 때문에 즉 성경의 저자는 성령이시기 때문에 내가 성경을 올바로 이해하기 위해서는 성령을 내 속에 소유하여 그 성령의 인도함을 받아야 한다. 그러므로 성령이 내 속에 계시게 되면 성령의 능력으로 성경에 있는 모든 말씀이 꼭 성경에 있는 사실 그대로 나에게 저절로 믿어지게 되어 있는 것이다.

그러므로 온전한 믿음은 내가 내 혼자서 '일방적으로 믿는 믿음'이 아니고 '저절로 믿어지는 믿음'인 것이다. 즉 온전한 믿음은 나의 '믿습니다'라는 일방적인 믿음 + 하나님께서 '그래 내가 너의 믿음을 인증한다'고 하시는 하나님의 확인을 수반한 믿음 즉 하나님께서 성령으로 인을 쳐 보증해 주신 믿음이라야 하는 것이다.

　　이 믿음이 바로 요한복음 3:3에서 "예수께서 대답하여 가라사대 진실로 진실로 네게 이르노니 사람이 거듭나지 아니하면 하나님 나라를 볼 수 없느니라"와 또 그 3:5에서 "예수께서 대답하시되 진실로 진실로 네게 이르노니 사람이 물과 성령으로 나지 아니하면 하나님 나라에 들어갈 수 없느니라"고 할 때의 천국 가는 믿음 즉 성령으로 거듭난 믿음인 것이다.

　　많은 신학자들이 학문적 지식으로는 성경에 대하여 모두 다 알고 있으면서도 그들의 마음이 실제 하나님의 마음(영)으로 거듭나 있지 않기 때문에 성경 말씀이 그들에게 저절로 믿어질 리가 없는 것이다. 결과 그들이 성령의 인도와 능력, 즉 그들의 영적능력에 의지하지 않고는 결단코 이해가 불가능한 성경사건들을 인간적인 지식과 인간적인 능력 즉 그들의 흔적능력에 의지하여 이해하려고 하기 때문에 그런 억측을 부리고 있는 것이다.

　　그러므로 그들이 성경에 나타나 있는 기적들을 과학적이고 합리적으로 증명하려고 시도하기 전에 먼저 그 자신들의 마음(영)이 하나님의 마음(영)으로 확실히 거듭나는 체험을 해봐야 한다.

비유로서 거듭나기 이전의 믿음을 올챙이의 믿음이라 하고 거듭난 후의 믿음을 개구리의 믿음이라고 한다면 그 자체로는 그런 대로 하등의 오류와 하자가 없지만 결국은 그 정도의 믿음밖에 되지 않는 올챙이의 믿음을 가진 자가 개구리의 믿음 세계를 전혀 이해할 수 없는 이치와도 같은 것이다.

그러므로 그들이 개구리의 믿음세계를 이해하기 위해서는 그들 자신들이 스스로 개구리가 되어 보는 수밖에는 다른 도리가 전혀 없는 것이다.

그런데 문제는 올챙이신앙 정도인 사람이 아는 척, 개구리인 척 한다면 그것은 정말로 어리석기 그지없는 짓이다. 왜냐하면 교회지도자들이나 종교지도자들이 그 사람의 신앙 정도를 모르기 때문에 잘 아는 척하거나 성숙한 개구리신앙인척 하면 그의 영적 성장은 거기서 멈출 수밖에 없기 때문이다.

물론 개구리는 올챙이의 과정을 필히 거쳐서 개구리가 된다. 신앙도 올챙이가 탈바꿈하여 개구리가 되듯이 점차 자라나 장성한 분량에 이르러야 한다는 말이다. 성장하지 못하여 거듭나는 체험을 하지 못하는 가엾은 모습은 안 된다는 얘기이다.

개구리는 알이나 올챙이 때는 우물을 벗어나서는 살수 없으므로 우물 안이 그들의 세계가 된다. 그러나 올챙이가 개구리로 탈바꿈하였을 때는 그 우물을 벗어나야만 또 하나의 다른 세상을 더 보고 살수가 있는 것이다.

그런데 올챙이는 우물 속에서만 있는 관계로 우물 안은 다 통달했을지라도 우물 바깥세상에 대해서는 전혀 알 길이 없는 것이다. 올챙이가 개구리가 되어서 바깥세상을 보고 알기 위해서는 오직 개구리가 되어야만 한다.

마찬가지로 하나님 말씀으로 거듭나보지 않고는 결코 하나님의 자녀로 거듭난 상태를 알 수 없는 것이다. 내가 말씀으로 거듭나지 않고는 믿음의 세계가 보이지도 않고 들리지도 않는 것이다. 그래서 하나님께서는 "너희들이 눈이 있어도 보지 못하고 귀가 있어도 듣지 못한다"고 말씀하시는 것이다.

그런데 믿음의 현장에서 각 교회의 많은 목사님들이 설교하거나 가르치는 바에 의하면 가짜교인이나 건성교인이라고는 전혀 찾아볼 수 없고 다 진짜들뿐인 듯하다. 그들에 의하면 교회에 출석하는 사람은 모두 천국 갈 사람들뿐이고 지옥 갈 사람은 한 사람도 없다는 것이다.

그들은 "그 이름을 부르는 자는 구원을 얻으리라" "입으로 시인하면 구원을 받는다" "하나님은 사랑이기 때문에 누구

물론 그중에는 진지하게 하나님을 알고자 하는 자도 많겠지만, 부지기수의 사람들은 자기의 믿음이 올바른 믿음인가 또는 자기가 가고 있는 그 믿음의 길이 정말로 천국을 향한 올바른 길인가를 알아보려고도 하지 않고 그저 지도자 말만 백퍼센트 믿고 자기 교회에서 시키는 대로 하는 것만으로 만족해 버린다는 것이다.

든지 다 사랑하시므로 믿는 흉내만 내도 다 천국에 간다” 등의 비단결 같은 달콤하고 듣기 좋은 소리들만 해서 교회에 처음 출석한 자들에게도 “오늘 예수님을 나의 구주로 고백합니다” 라고 선창하고 “예”라고 대답하기만 하면 “오늘부터 여러분은 구원을 받았습니다”라고 이야기해 주는 것을 본다.

심지어 어떤 목사님들은 교인들이 단지 전도를 받거나 또는 자기 생각에서 하나님을 믿겠다고 청함의 장소인 교회에 나오고 있을 뿐이지 아직까지는 택함을 받아 구원을 받은 자가 아닌데도 그들이 교회에 출석하게 된 그 자체가 하나님께서 택해 주셔서 교회에 나오게 되었고 교회에 나오는 그 자체가 성령의 역사이므로 그들은 이미 구원을 받은 자라고 설교하는 것을 본다.

과연 이런 것으로 구원을 받은 것일까?

그들이 가르치는 대로라면 염소도, 쭉정이도, 가라지도, 가짜교인도 전혀 있을 수 없다. 그러나 성경에는 분명 염소와 양,

알곡과 쭉정이, 가짜와 진짜, 진심으로 믿는 자와 외식하는 자, 외모와 속마음을 구별하고 있을 뿐 아니라 "주여주여 하는 자마다 다 천국에 들어갈 것이 아니요"라 하였고 "귀신을 쫓고 방언을 한다고 다 구원을 받은 것이 아니다" "입과 입술로는 하나님을 믿는다 하나 그 마음은 하나님으로부터 멀다" "그 영이 가짜인지 진짜인지를 구별하라"고 하여 그 사람의 마음이 진정으로 하나님의 말씀으로 거듭나서 하나님을 향하여 있는지를 분별해야 한다고 분명이 요구하시고 계시는 것이다.

예로써 한 나라가 다른 나라와의 관계에서 전쟁을 치르고 있을 경우, 그 국민들 중에는 스파이라는 것이 있다. 이들은 속으로 이적행위를 하고 있는 가짜 국민인데도 겉으로 보기에는 그 나라의 국민들과 조금도 달라 보이지 않는 것이다. 즉 그들이 진짜 국민같이 보이지만 실은 가짜국민인 것이다.

이와 같이 믿는다고 하는 자들 중에도 실은 가짜로 하나님을 믿고 있으면서도 진짜 신자와 같이 행세하고 진짜 신자와 같이 보이는 자들이 많이 있다는 것이다.

여기서 한 가지 주시할 점은 스파이는 자기가 스파이인 것을 분명히 안다. 그러나 믿음에서는 자기가 가짜인 것을 분명히 알고 있는 경우도 있긴 하지만 그렇지 않은 경우가 너무나 허다하다는 것이다. 즉 자기가 가짜이면서도 자기가 가짜인 사실을 모르고 있다는 사실이다. 정말로 안타깝고 슬픈 일이다.

두 사람이 같이 한 집에서 하숙을 하는데 그들 중 한 사람이 매일 전도하고 구제사업 하고 선한 일을 통하여 하나님을 섬기는 일에 열심인 것을 보고 그것이 선하고 착한 일이라고 생각되어 옆에 있는 친구도 같이 따라한다고 했을 경우, 전자는 그 속에 하나님의 생명이 있어서 성령의 인도로 한 것이고, 후자는 그저 친구가 하니까 친구 따라 한 것이라면, 전자는 진짜이고 후자는 자기도 모르는 중에 가짜로 한 것밖에 되지 않는 것이다.

이와 같이 오늘날 믿음의 현장에서 믿는다고 하면서 남 따라 믿는 흉내만 내고 있어서 실은 지옥을 가고 있으면서도 천국을 가고 있는 줄로만 알고 있는 자들이 기성교인들 중에 허다하다는 것이다. 물론 그중에는 진지하게 하나님을 알고자 하는 자도 많겠지만, 부지기수의 사람들은 자기의 믿음이 올바른 믿음인가 또는 자기가 가고 있는 그 믿음의 길이 정말로 천국을 향한 올바른 길인가를 알아보려고도 하지 않고 그저 지도자 말만 백퍼센드 믿고 자기 교회에서 시키는 대로 하는 것만으로 만족해 버린다는 것이다.

어느 목사님이 지적하신 바에 의하면 요사이 교인들 중에는 예수님 안에 있는 자인지 예수님밖에 있는 자인지가 분명치 않다는 것이다. 즉 구원받은 자인지 구원받지 못한 자인지의 구분이

전혀 없어 중구난방이라는 것이다.

요한복음 3:3에 "예수께서 가라사대 진실로 진실로 네게 이르노니 사람이 거듭나지 아니하면 하나님 나라를 볼 수 없느니라" 하셨고 5절에 "사람이 물과 성령으로 나지 아니하면 하나님 나라에 들어갈 수 없느니라"고 하여 "천국 가는 믿음은 이것이다" 라고 분명한 선을 그어놓고 계시는 데도 현재의 믿음의 현장에서는 회개하지 않아도, 죄사함 받고 죄사함이 없어도 성령 받아 거듭날 수 있고, 거듭나지 않아도 천국갈 수 있는 것같이 신앙생활을 하고 있는 자들이 부지기수인 것이다.

'거듭나는 것'은 어떤 관념이나 이론 형식이나 상식 또는 짐작이 아니고 마치 올챙이가 개구리로 탈바꿈하는 것과 같이 분명하고도 확실한 사실이고 현실인 것이다. 다만 영적인 눈이 뜨이지 아니한 자들에게는 하나님의 말씀이 마치도 스모그나 안개가 낀 시가지를 바라보는 것과 같이 흐릿하고 분명치 않아 보이나 내 영이 하나님의 영으로 거듭나고 보면 마치도 스모그나 안개가 걷히고 난 후의 깨끗하고 산뜻한 도시 풍경과도 같이 그 말씀의 뜻이 일목요연하게 이해가 되는 것이다.

그래서 가짜와 진짜의 구별은 명확한 것이다. 왜냐하면 하나님께서는 가짜인지 진짜인지를 구별치 못할 정도로 그렇게 흐리멍덩한 것을 우리에게도 주실 리도 없는 것이므로 그 분명한 사실을 보지 못하는 것은 내가 아직 거듭나지 못하여 하나님의 말씀을 보고 듣는 눈과 귀를 소유하지 못한 탓인 것이다.

내가 분명히 회개하여 죄사함 받고 성령을 선물로 받아 내 영이 거듭나는 과정을 거치지 않고 거저 적당히 다른 사람 따라서 교회출석하고 예배드리고 예수님 이름으로 기도 흉내 내는 것으로는 구원받은 것도, 거듭난 것도, 천국 가는 믿음을 가진 것도 아니라는 사실과 또 하나님께서는 질서의 하나님이시므로 얼렁뚱땅이나 적당하게가 전혀 통하지 않는다는 사실을 분명히 깨달아야 할 것이다.

사도행전 17:30에 "알지 못하던 시대에는 하나님이 허물치 아니하였거니와 이제는 어디서든지 사람을 명하사 회개하라 하셨으니…"와 사도행전 5:31에 "회개하사 죄사함을 얻게 하시려고…" 또 고후 7:10에 "구원에 이르게 하는 회개" 사도행전 11:18에 "이방인에게도 생명 얻는 회개"라 하여 누구든지 죄사함, 생명을 얻기 위해서는 회개를 하여야 한다고 하였으므로 회개를 하여 죄사함 받고 성령을 선물로 받아서 성령을 실재의 사실로 내 속에 소유하여야만 비로소 천국에 갈 자격을 갖추는 것이다.

그런데 그저 '믿습니다' 하고 교회만 나가면 구원을 받는다고 가르치고 또 그렇게 여기고 있는 사람들이 너무나 많아 안타깝다.

　가짜인지 진짜인지의 기준은 내 속에 하나님의 생명이신 하나님의 영 즉, 성령이 계시느냐 안 계시느냐에 달려 있는 것이다. 그래서 고후 13:5에 "너희가 믿음에 있는가 너희 자신을 시험하고 확증하라 그리스도께서 너희 안에 계신 줄을 알지 못하느냐 그렇지 않으면 버리운 자니라" 라 하여 거듭났는지 않았는지를 자기 자신이 다 알게 되어있다고 적고 있는 것이다.

　즉 자신이 죄에 대하여, 의에 대하여, 심판에 대하여, 성령님으로부터 책망을 받아 자신이 진정한 회개를 했는지, 그 회개에 대한 응답으로 하나님으로부터 죄사함을 받았는지, 그리고 그 용서의 보증으로 성령을 선물로 받았는지는 내 속에 성령께서 내주하시므로 오는 구원의 확신에 의하여 자연 내가 천국 가는 믿음을 소유했는지 아닌지를 알게 되어있는 것이다. 또 거듭난 후에 내 자신이 하나님의 속성으로 변하는지도 스스로 알게 되어있는 것이다.

　즉 성령께서 내 속에 계시므로 내 마음속에 실제로 천국(이를 심령천국 이라한다)이 건설되어지는 것이다. 그러므로 실제로 내가 심령천국을 내 속에 가졌을 때는 대체로 다음과 같은 현상이 일어난다.

1) 주위 조건이나 환경에 관계없이 항상 변하지 않는 마음속 평화

를 가지게 한다.

2) 새 생명의 기쁨을 맛보게 된다.

3) 내가 현재 가지고 있는 것과 처해있는 처지로 만족하고 하나님께 감사하게 된다.

4) 하나님 안에서 무한히 자유로운 자가 된다.

5) 세상 욕심이 점점 줄어든다.

6) 어떤 고난도 참아 넘길 수 있는 인내심이 생긴다.

7) 억울한 일을 당해도 분을 참을 수 있는 마음의 여유와 온유함을 가진다.

8) 하나님 안에서 담대해진다.

9) 성경에 있는 하나님의 말씀이 나와 상관이 되고 마치도 꽃송이를 빠는 것처럼 말씀에 단맛을 느끼게 된다.

10) 죽음의 공포가 사라진다.

11) 내 마음속에 구원의 확신, 즉 지금 당장 죽어도 나는 꼭 천국에 간다는 자신감과 확신이 생긴다.

12) 지금 당장에 내 영혼이 내 육신의 장막을 벗더라도 이 세상 것들 중 어느 하나라도 전혀 미련이나 애착이나 매임이 없이 지금의 처소나 환경을 초월하여 자유로이 떠날 수 있게 된다.

13) 저절로 입이 벌려져서 예수님을 증거 하게 된다. 즉 자발적 전도를 하게 된다.

우리가 천국에 가기 위해서는 무엇보다도 천국갈 수 있는 믿음을 소유해야 한다. 그럼에도 어떤 자들은 그저 목사가 알아주고 자기에게 관심을 가지고 친절히 대해주기 때문에 교회나 목사 섬기는 그것이 천국 가는 조건이 되는 줄로 알고 있다. 또 어떤 장로들은 교회재정을 혼자서 다 책임지다시피하면서 자기 직분과 교회에 봉사 잘하는 것, 그것이 천국 가는 필요충분조건이 되는 줄 알고 있다.

　　또 어떤 자들은 습관적으로 부모에게 배운 대로 예배드리고 주일날 교회가고 찬송 부르고 기도하고 교인 행세하는 것으로 천국 가는 믿음을 소유한 것으로 알고 있다. 그들은 회개도 않고 죄 사함도 받지 않고 성령을 소유하지 않아도 천국 가는 줄로 알고 이에 대하여 별로 신경을 쓰지 않는다. 즉 이들은 천국 가는 조건들이 아닌 것에 매여 있으므로 진짜로 천국 갈 조건을 무시하거나 인식하지 못하고 있는 것이다.

　　천국 가는 것은 나의 선행도, 열심도, 성의도, 헌금도, 구제사업도, 새벽기도도, 금식기도도, 주일 예배참석도, 유아세례도, 모태신앙도, 어느 교파도, 교단도, 교리도, 어느 특수교회도, 목사도, 직분도, 봉사도 아니다. 이런 것들은 모두 상급에 해당될 뿐이다. 오직 예수님의 피의 공로를 믿는 진실한 마음 즉 하나님

이상의 사실로 미루어 볼 때 구원은 어디까지나 하나님과 나와의 개인적인 친분관계로 얻어진다는 사실을 알 수 있다. 즉 "내가 하나님을 압니다" 하고 하나님 앞에 설 때에 "그래 내가 너를 안다" 하시고 하나님께서도 나를 알아주시고 인정해 주실 때에라야 비로소 내가 하나님으로부터 완전한 보증을 받은 믿음 즉, 하나님께서 당신의 생명인 성령으로 인을 치셔서 나를 당신의 자녀로 삼아주신 완전한 믿음을 소유하게 되는 것이다.

으로부터 인정받아 성령으로 인침을 받은 진정한 믿음으로만 천국을 갈 수 있다는 사실을 확실히 깨달아야 할 것이다(갈 5:4, 18; 엡 2:8, 9; 롬 3:28, 9:30-32).

그러므로 구원은 오직 믿음이라는 문제를 놓고 내가 하나님과 일대일로 벌리고 있는 외롭고 처절한 투쟁, 즉 거듭나기 위한 투쟁 또는 하나님께 내 믿음을 인정받기 위한 투쟁인 것이다(요 3:3, 3-5; 롬 4:5-8).

천국가고 못가고의 기준은 오직 내 영이 하나님의 말씀으로 거듭나느냐, 거듭나지 못하느냐에 달려있는 것이다. 그래서 이 문제는 전적으로 내 자신이 책임을 져야할 문제이고 나 이외에는 그 어느 누구도 나를 도와 줄 자가 전혀 없는 것이다. 다만 그들이 해줄 수 있는 것은 내가 서울 가는 길을 이리가라 저리가라고 일러줄 따름이고 실제로 찾아가기는 내가 몸소 직접 찾아가지 않으면 안 되는 것이다.

　그리고 내 영이 거듭나는 것은 오직 내 육체가 살아있을 동안에만 가능한 것이고 내 육체가 살아있을 동안에 나의 고민과 고통, 번민과 수고로 이 문제를 해결하지 않으면 안 되는 것이다. 고로 어느 누구도 지식을 빌려 온다고 또 어느 누구의 체험을 흉내 낸다고 해결되는 문제가 결코 아닌 것이다.

　그러므로 결국 거듭나지 못한 심령은 천국에 들어갈 수 없고 천국에 들어가지 못하는 믿음은 가짜일 수밖에 없는 것이다. 우리 속담에 '꿩 잡는 것이 매다' 라는 말처럼 거듭나는 것이 천국 가는 조건이므로 무슨 수를 써서든지 거듭나야 한다. 설교를 듣던, 성경을 읽던, 간증을 듣던, 찬송가를 통하여서든, 성경 공부를 하든… 무슨 수를 쓰든지 거듭나서 천국 가는 믿음만 된다면 그것이 진짜 믿음일 수밖에 없다.

　뿐만 아니라, 성경에서는 하나님과 우리와 관계는 결혼계약 관계로 성립되어 있어서 이 계약의 효력은 어디까지나 쌍방이 서로 상대방에 대한 계약이행을 수행함으로써만 그 효력이 발생하게 되어 있는 것이다. 그러므로 우리가 하나님을 믿는다고 할 때 나 혼자만의 "믿습니다" 하는 일방적인 계약이행만으로는 그 효력이 발생하지 못한다는 것이다. 즉 "내가 하나님을 믿습니다" 할 때에 하나님께서도 "그래 내가 너의 믿음을 인정한다" 하시고 나의 믿음을 알아주셔야 한다.

그런데 "내가 하나님을 압니다"고 했는데 하나님께서는 "나는 너를 도무지 모른다"고 하신다면 이것은 나 혼자만의 지식이나 공적으로 하나님을 아는 일방적인 믿음밖에 되지 않기 때문에 완전한 계약의 성립이 아닌 것이다. 고로 이 믿음은 가짜 믿음으로밖에 취급될 수 없고 또 천국가기에도 충분한 믿음이 되지 못하는 것이다.

이상의 사실로 미루어 볼 때 구원은 어디까지나 하나님과 나와의 개인적인 친분관계로 얻어진다는 사실을 알 수 있다. 즉 "내가 하나님을 압니다" 하고 하나님 앞에 설 때에 "그래 내가 너를 안다" 하시고 하나님께서도 나를 알아주시고 인정해 주실 때에라야 비로소 내가 하나님으로부터 완전한 보증을 받은 믿음 즉, 하나님께서 당신의 생명인 성령으로 인을 치셔서 나를 당신의 자녀로 삼아주신 완전한 믿음을 소유하게 되는 것이다.

갈 4:8,9에 "그러나 너희가 그때에는 하나님을 알지 못하여 본질상 하나님이 아닌 자들에게 종노릇하였더니 이제는 너희가 하나님을 알뿐더러 하나님의 아신바 되었거늘…" 요 10:14,15에 "나는 선한목자라 내가 내 양을 알고 양도 나를 아는 것이 아버지께서 나를 아시고 내가 아버지를 아는 것 같으니 나는 양을 위하여 목숨을 버리노라" 설파하였으므로 "내가 믿습니다"하는 일방적인 믿음으로는 진짜 믿음으로 인정받을 수 없고 "그래, 내가 너를 인정한다"라고 하는 하나님의 카운터 싸인인 성령으로 인침을 받은 믿음일 때 이것이 진짜 믿음인 것이다.

이러한 믿음을 소유한 사람들에게 성경은 말해주고 있다.

'예수를 믿고 죽은 자의 자손은 자손 천대까지 복을 받고 예수를 믿지 않고 죽은 자의 자손은 자손 삼사 대까지 저주를 받는다.'

그러므로 부모는 자손에게 이 땅의 물질을 많이 물려주는 것보다 예수이름을 물려줌으로써 그들의 천대까지 한량없는 하나님의 축복을 받게 하는 것이 진정한 자손사랑이다.

또한 자손들은 이 세상 땅에다 부모님의 묘를 잘 써드리는 것이 일면 부모에 대한 효도이기도 하겠지만 사실 그것보다는 부모님께 천국복음을 전해드림으로써 또 보다 더 확실한 신앙을 갖도록 하여 부모님이 이 세상을 떠나신 후에 거하실 영원한 안식처를 확실히 마련해 드리는 것이 진정한 부모님을 위하고 사랑하는 일이다.

왜냐하면 이 세상 것은 아무리 좋은 것을 아무리 많이 물려주고 물려받는다고 해도 모두가 다 그 수명이 유한 할뿐 영원하지 않기 때문이다. 그리고 그것을 물려받은 사람이 80년, 90년,

그들의 수명이 다하면 그들과 아무 상관이 없게 되기 때문이다. 그뿐 아니라 그들이 저 세상으로 갈 때도 단 한 딱지도 가져갈 수 없기 때문이다.

그래서 성경은 보이는 것보다는 보이지 않는 것이 더 중요하다고 말하고 있는 것이다. 우리가 이 땅에 살 동안 곧 썩어 없어질 이 세상 것들을 좇아 사는 것보다 보이지는 않으나 더 중요하고 영원한 복이 될 저 세상 것들을 좇아 살라고 주문하고 있는 것이다.

그러므로 이런 사실을 알고 있는 믿음의 가정은 그 가정에 여러 자녀가 있다면 되도록 많은 자녀들이 하나님의 일꾼이 되기를 부추기지만 그렇지 않으면 여러 자녀들 중에서 한 둘이라도 꼭 하나님의 일꾼으로 만들려고 애를 쓰는 것을 본다. 그래서 그 집안 내력이 목사집안이니 선교사 집안이니 하여 하나님의 일꾼 집안 내력을 전통으로 세우고자 하는 것이다.

왜 그런 집안은 그러한 전통을 고집하는 것일까?

거기에는 믿지 않는 사람들이 알지 못하는, 다시 말하면 믿는 자들만 알고 있는 그 무엇이 있기 때문이다. 왜 그들은 자기들의 자자손손 대를 이어가며 하나님의 집안 일꾼이 끊임없이 배출되기를 고집하는가?

그것은 그들이 그렇게 함으로써 하나님의 한량없는 은혜와

기독교 신앙은 내 자신을 위한 신앙만이 아니요 내 이웃을 위한 신앙, 남을 위한 신앙, 국가와 민족을 위한 신앙, 세계 인류의 평화와 복지를 위한 신앙인 것이다. 즉 내 개인의 뜻과 의를 이루기 위한 신앙이 아니라 하나님의 뜻과 하나님의 의와 하나님의 거룩한 계획과 목적을 달성하기 위한 거룩한 신앙인 것이다.

축복이 그들 자자손손 수천 대를 걸쳐 간단없이 이어지기를 원하기 때문이다. 이 사실을 깨닫게 되면 믿음의 가정이라는 것, 믿음의 대를 잇는 것, 믿음의 자녀, 이런 사실이 얼마나 귀하고 축복된 건지 증명이 되는 것이다.

그렇다면 이 글을 읽는 독자들 모두도 예수를 믿는 반열에 서서 이 축복의 주인공이 되기를 나는 진심으로 기대한다.

그런데 이러한 축복이 감나무에서 감이 떨어지듯 거저 떨어지는 게 아니다. 물론 우리 속담에 '하늘은 스스로 돕는 자를 돕는다'는 말이 있다. 물론 성경에는 이와 꼭 같은 표현은 없다. 그러나 성경에 있는 하나님의 말씀을 유추해 보면 이 속담이 바로 성경의 내용과 일치한다는 사실을 발견케도 된다.

기독신앙은 하나님을 믿는 자들 스스로가 하나님의 말씀을 명령으로 받고 그 명령에 순종하여 그 개개인 스스로가 스스로 착한 삶을 살 때에 그에게 하나님의 복이 주어진다고 말씀하시고 계시는 것이다.

역대하 1:10-12을 보면 하나님은 솔로몬 왕이 하나님께 간구기도를 드리는 장면이 나온다. 그는 다른 사람들처럼 자기 자신을 위하여 부, 재물, 존영, 장수와 원수 갚는 일을 구하지 않고 오히려 자신보다는 하나님께서 자기에게 치리를 맡기신 백성을 공정히 재판할 지혜와 지식을 간구함을 기특히 여기시고 그에게 백성의 공정한 재판을 위한 지혜와 지식은 물론 그 위에 그 개인의 부와 재물과 존영까지도 더불어 주셨다는 사실이다.

기독교 신앙은 내 자신을 위한 신앙만이 아니요 내 이웃을 위한 신앙, 남을 위한 신앙, 국가와 민족을 위한 신앙, 세계 인류의 평화와 복지를 위한 신앙인 것이다. 즉 내 개인의 뜻과 의를 이루기 위한 신앙이 아니라 하나님의 뜻과 하나님의 의와 하나님의 거룩한 계획과 목적을 달성하기 위한 거룩한 신앙인 것이다.

그러므로 자기 자신을 초월하여 하나님의 의를 이루기 위하여 헌신적인 삶을 산 자에게 주어지는 영원한 상급이 바로 천국이요 천국 복락인 것이다. 따라서 지금 현재에 하나님의 거룩한 계획과 목적을 위한 삶을 살고 있는 사람들에게는 지금 현재 이 시각에도 하나님의 보상이 주어지고 있지만 혹시라도 이 땅에서 그 보상이 따르지 않는다 해도 결코 실망하거나 억울해 하지 말아야 하는 것이다.

왜냐하면 이 세상에서 그 보상이 충분히 이루어지지 않는다 해도 하늘나라 영원한 천국과 천국에서의 영원한 복락이 그대를 기다리고 있기 때문이다.

그렇다면 하늘나라까지의 영원한 축복, 그 귀한 복을 받기 위해서 우리는 무엇을 어떻게 해야 할까? 한말로 요약한다면 그것은 예수를 잘 믿는 것이다.

그런데 어느 목사님은 '예수 잘 믿으세요'란 말은 틀린 말이라 한다. 그저 '예수 믿으세요'라고 말하면 된다고 한다. 왜냐하면 '잘 믿고 잘 못 믿는 기준이 어디 있느냐'는 것이다. 그러나 나는 잘 믿는 것과 잘못 믿는 것과는 분명한 차이가 있다고 생각한다. 왜냐하면 사람마다 신앙의 깊이가 다르기 때문이다.

두 자녀가 있다면 부모를 공경하고 위하는 마음에는 분명 차이가 있을 수 있다. 그리고 자녀마다 그가 잘못한 것에 대한 뉘우침이나 반성하는 모습도 많은 차이가 있을 수 있는 것이다. 진심으로 반성하는 사람에게는 '진심'이라는 그 마음이 통하게 되어 있다. 학교에서도 회사나 어느 단체에서도 마찬가지이다. 누구나 후회하고 반성하는 모습과 태도로 진심으로 뉘우치고 반성하는지를 알 수 있는 것이다.

성경에서는 이를 '회개'라 말한다. 믿는 사람들이 자기를 전적으로 죄인이라고 깨닫는 순간 하나님께 돌아오는 거룩한 예식이 그것이다. 그런데 왜 이미 믿고 있는 사람에게 '회개하라'고 했을까? 믿기는 믿는데 회개를 안 하고 믿는 자가 있기 때문이다.

회개는 성령을 받는 전재조건이다. 그렇다면 왜 성령을 받아야하고, 왜 성령을 받으라고 했는가?

그 속에 그리스도의 영이 없으면 그리스도의 사람이 아니라고 했고 그 속에 그리스도의 영이 계셔야만 구원의 확신, 신앙의 확신, 믿음의 확신을 가지고 당당하고 자신 있는 믿음생활을 할 수 있기 때문이다. 성령을 통해서만이 세상의 빛과 소금으로 하나님께 영광 드리는 삶을 살 수 있고 또 내가 천국 가는 존재인가 아닌가를 확실히 알 수 있는데 그 속에 그리스도의 영, 성령이 계시지 않는 신자가 있기 때문이다.

그러므로 하나님께서 용납하시는 회개를 통하여 그 영이 거듭나고 그 거듭난 영 속에 성령께서 계시느냐 아니 계시느냐가 잘 믿는 믿음인가 아닌가의 기준인 것이다.

따라서 그 속에 성령께서 계시는 성도에게는 수호천사가 배정되어 항상 호위하고 도우므로 언제나 좋은 일만 생기게 되어 있는 것이다. 그러나 이 단계를 넘어서기까지는 사악한 마귀의 장난과 훼방이 격렬하기 때문에 시험과 고통이 따르고 힘든 일이 많이 생기게 마련인 것이다.

그래서 성경에도 끝까지 견디는 자가 구원을 얻는다고 기록하고 있는 것이다. 그러므로 믿음 안에서 끝까지 견뎌 이 시험과정을 지혜롭게 극복한 자에게만이 이 시험과 고통과 고난이 오히려 축복이 되는 것이다.

따라서 좋은 일만 생기는 자는 이 고통과 고난을 축복으로 극복한 자인 것이다. 이 단계까지의 체험을 확실히 해본 자만이 "예수 믿으면 좋은 일만 생겨요" 라고 자신 있게 말할 수 있고 그걸 간증할 수 있는 사람만이 성령과 더불어 사는 참 하나님의 사람인 것이다. 그리고 그 사람이 영원한 복을 받은 사람이다.

영생은
거저 얻어지는 것이 아니다

우리가 하나님을 믿는 목적은 오직 영혼구원에 있다. 예수를 믿는 제일 핵심적인 문제가 바로 이 구원문제인 것이다. 5년 10년 아니 평생 예수님을 믿었다고 하면서 구원을 받지 못한다면 이보다 더 억울하고 바보 같은 짓은 없다.

따라서 목사님들이나 기독교지도자들은 가장 확실하게 이 구원문제를 가르쳐야 하고 신자들 또한 건성으로 교회당을 들락거릴 것이 아니라 구원문제는 아주 확실하게 마음에 확신이 있어야 한다. 구원이 없으면 귀한 시간과 물질은 그냥 낭비일 뿐이다.

오늘날 교회가 정말로 바로 서서 구원에 관한한 정확해야할 이유는 두말할 필요도 없이 영생문제와 직결하기 때문이다. 영생이 없다면 이렇게 힘들게 예수를 믿을 필요도 없다. 동서고금을 막론하고 우리 신자들의 소망은 하늘나라에서 우리 주님과 함께 영원히 사는 것이다.

그런데 참으로 요즘은 소경이 소경을 인도하는 풍경이 어느 때보다도 많다. 교인들의 영혼문제에 신경 쓰고 한 영혼이라도 영생하도록 구원의 확신을 심어주는데 심혈을 기우리지 않는 교회지도자들이 많아졌다. 떠들썩한 행사위주의 화려한 광고물은 교단이나 이웃교회에 전시효과를 얻기 위한 것이라는 느낌을 받기에 충분하다. 서로 자랑하듯 실속 없는 경쟁을 벌리는 지도자들이 정말 한심스럽다.

나를 믿으라고 여기저기서 손짓하는 이단이 판을 치고 있는 판국에 불신자를 전도하여 새신자를 얻기보다는 마치 교인 쟁탈전이나 벌리는 듯 교인들 비위나 맞추고 남의 교인 뺏기 위해 선물공세나 하는 모습에 차라리 화가 난다.

뭔가 잘못 가고 있는 현대교회들 때문에 선생 된 자들의 죄가 더 크다고 성서는 기록하고 있는 것 같다. 그렇다면 소경을 따라간 이들은 잘못이 없는가? 아니다. 올바른 지도자를 따라가지 않고 소경을 따라간 잘못이 있고 그 값으로 구원도 받지 못할 뿐 아니라 영생의 복도 받지 못하는 엄벌을 받는다.

따라서 정말로 그럴듯한 유혹, 그럴듯한 가르침을 조심해야 한다.

"교회만 출석하면 구원은 받는다, 세례를 받으면 구원이 있다, 처음 출석한 교인이라도 '오늘 예수님을 나의 구주로 모심

예수님은 하나님 아버지의 비밀로 그분에게는 없는 것이 없고 불가능이 전혀 없다. 우리에게 최고 중요한 영생도 그분 안에 있고 천국도 그분으로 비롯한다. 그분 속에 감추어져 있는 비밀들을 체험을 통하여 알면 알수록 체험이 더 깊어지면 깊어질수록 그분을 믿고 모셔야 하는 것이 얼마나 중요하고도 심각한 문제인지 알게 된다.

니다' 라고 입으로 시인하면 구원을 받는다, 성령을 받지 못하면 여하한 경우에도 절대 구원이 없다, 성령을 받는 것은 물 흐르듯 자연적인 현상으로 누구나 다 구원을 받게 되어 있으므로 교회만 다니면 다 구원 받는다."

이러한 주장들에 대하여 나는 내 자신의 경험에 근거하여 해산의 고통과 자기 노력과 고민하는 수고 없이는 하나님을 나의 구주로 올바로 영접할 수가 없기 때문에 거듭나는 것도 영생도 천국도 다 없다고 보는 것이다.

너무나 많은 교인들이 지식, 학력, 돈, 명예, 권력, 종파, 교단, 잘났다는 인식, 등등의 콘돔을 사용하므로 하나님의 말씀을 받더라도 지식으로 머리에만 남고 마음으로 가지 않기 때문에 거듭 날수 없고 거듭나지 못하기 때문에 구원도 없다. 'No Pain, No Gain' 이라는 말처럼 해산의 고통이 없이는 절대로 거듭날수 없으므로 구원도 없다.

그동안 간증을 통하여서도 주장한 것처럼 나는 사업이 다 망하고 가정이 산산조각이 나고 죽을병으로 몸이 다 망가지는 고난과 어려운 문제들로 인생 자체가 완전히 실패한 일이 있었다. 그러나 그것들로 인하여 '인생의 참 삶의 목적이 무엇인가'를 깨닫고 하나님을 만나고 예수를 구주로 모시고 영생을 얻는 계기가 되었다. 그래서 진정한 '인생의 승리자'가 되었다고 확신한다.

　　그래서 누구나 하나님으로부터 '인생막대기'로 '사랑의 징계'를 호되게 받는 사람이 오히려 복 있는 사람이라고 알려주고 싶다. 더욱 중요한 것은 그러한 고통과 환난과 곤고를 당하지 않고도 또 하나님께 '인생막대기'로 얻어맞기 전에 하나님을 만나고 예수를 내 구주로 모시고 영생을 얻을 수 있다면 그 사람은 복중에 복을 얻은 사람이라고 말하고 싶다.

　　한 대학생이 어느 목사님의 간증설교를 듣고 와서 "목사님, 저도 목사님께서 만나신 그런 예수님을 만나고 싶습니다. 어떻게 하면 그분을 만날 수 있는지를 꼭 한마디로 말씀해 주십시오" 라고 했다고 한다.

　　비단 이 대학생 한 사람뿐이랴! 자신들의 노력과 헌신으로 '나의 참 하나님'을 찾아 모시려 하지 않고 '남의 하나님'이 그저 쉽게 '나의 하나님'이 되어주시기를 바라고 기다리는 게 현대인들이다. 또 하나님을 믿는 것을 여타 종교 믿는 것과 똑같이 마음수양정도나 생활의 멋 정도로 적당히 쉽고 안일하게 그저 '내가 원하는 대로 내 방식대로 믿으면 된다'고 생각하는 것 같다.

"천국은 침노하는 자가 빼앗는다"고 성서는 말한다. 그러므로 내가 직접 교회도 가고 설교도 듣고 성경을 읽고 배우며 말씀을 듣고 상고하며 참고서적도 읽고 부흥회도 가고 다른 사람의 간증도 듣고 함으로써 나 자신의 직접적인 노력과 헌신을 통하여 '나의 하나님'을 내 자신이 직접 찾아 모셔야 한다.

헌금, 봉사, 출석, 교파, 예배의식, 또 하나님 없이도 혼자 착실하게 살기만 하면 된다는 생각 등 이런 것들에 오히려 천국이 걸려 있고 이런 것들에 매어 달리면 영생이 거저 주어지는 줄 알면 정말로 착각이다. 교회 목사님들이 천국행 티켓을 자기 손에 쥐어주는 것도 아니고 우연한 기회에 하나님을 저절로 찾아지게 되면 믿어본다는 식은 안 된다.

지금 당장 무슨 큰 불행한 사고라도 당하여 오직 한번뿐인 이 귀중한 생명을 잃는다면 수억 겁이 흘러간 데도 결코 구원의 기회가 주어지지 않는다. 내가 믿음의 세계에 있지 않기 때문에 눈이 있어도 보지 못하고 귀가 있어도 듣지 못한다는 사실을 깨닫지 못하고 실제로 지금 당장 내 눈앞에 직접 보이지 않는다는 그 사실 하나만으로 그저 아무 것도 아닌 양 "보여줘 봐" "지옥이 어디 있고 천국이 어디 있어?" "지옥 가면 가지 뭐, 나만 가나 다른 사람들도 다 가는데–" "때가 되어야 믿게 돼, 무슨 동기가 있어야 믿지" 하면서 세월을 허송하는걸 보면 너무나도 두렵고 떨린다.

성경에 무슨 말씀이 쓰여 있는지 몰라서 못 믿는 것이지 그 내용을 진실로 잘 깨닫고 보면 누구라도 예수를 믿지 않을 자 하나도 없다. 나 자신도 이 범주에서 예외가 아니었기에 이 중요하고도 심각한 사실들을 더욱 크게 강조하고 싶은 것이다. 하나님의 생명이신 성령으로 거듭나 봐야 '예수 믿는 것이 얼마나 좋은지, 과연 예수 믿는 것이 이런 것이로구나' 하고 감탄하게 된다.

예수님은 하나님 아버지의 비밀로 그분에게는 없는 것이 없고 불가능이 전혀 없다. 우리에게 최고 중요한 영생도 그분 안에 있고 천국도 그분으로 비롯한다. 그분 속에 감추어져 있는 비밀들을 체험을 통하여 알면 알수록 체험이 더 깊어지면 깊어질수록 그분을 믿고 모셔야 하는 것이 얼마나 중요하고도 심각한 문제인지 알게 된다. 또 실제로 경이와 신비로 가득 찬 믿음의 세계로 직접 들어가서 오묘한 섭리와 가르침과 명령대로 살아보면 그분을 믿게 된 자체가 얼마나 귀한 일이고 큰 축복인가를 금방 스스로 깨닫게 된다.

실로 하나님은 우리에게 복으로 따지면 없는 것이 없는 복보따리요, 약으로 치면 만병통치약인 것이다. 이렇게 존귀하시고 거룩하시고 위대하신 왕인 하나님을 나의 아버지로, 구세주로, 주인으로, 왕으로, 모심으로써 경이와 찬란함과 황홀한 비밀로 가득한 하나의 신비한 세계를 내 소유로 가지는데 어찌 수고와 고민과 해산의 고통이 따르지 않겠는가. 왜냐하면 무엇이든지 참으로 중하고 귀하고 좋은 것치고 찾는 수고와 고통 없이 그저 쉽게 얻어지는 것은 세상에서 아무 것도 없기 때문이다.

그래서 하나님께서는 아모스에게 "너희는 나를 찾아라 그리하면 살리라"고 하셨고 예레미아 29;13에서도 "너희가 진심으로 나를 찾으면 만나리라"고 하여 하나님을 만나려면 내 자신이 스스로 하나님을 찾아야 한다고 가르치고 있는 것이다.

즉 내 자신의 수고와 정력과 노력을 통하여 '나의 하나님' 즉 완전하신 인격을 가지시고 살아서 움직이시고 말씀을 하시고 기도를 들으시고 미지의 세계에 계시는 분이시기보다 바로 내 속에 생명으로 들어오셔서 나와 같이 사시고 숨 쉬고 생활하시면서 나의 모든 사정을 미리 아시고 내 삶속의 어려운 문제들을 다 알아서 처리해 주시며 저 세상에서의 영생뿐 아니라 지금 이 세상 현실에서도 내가 필요한 모든 것을 더하여 주시고 언제든지 불완

또 생명의 성령의 법이 죄와 사망의 법에서 너를 해방하
였음이라 했으니 성령 받으면 자연 죽음의 공포가 물러
가게 되므로 하나님 안에 참 자유를 누려야하는 것이고
그 나라와 그 의를 구하라 그리하면 필요한 모든 것을
더하여 주리라고 하신 말씀대로 하나님 믿고 하나님 안
에 삶으로써 부족한 것이 없는 삶을 살 수 있어야 하고,
아홉 가지 성령의 열매를 맺어야 한다고 했으니 그 열매
를 맺어야 하는 것이다.

전한 내 자신과 험난한 내 인생 여정의 인도자와 지팡이가 되어
주시는 나의 전부이신 좋으신 하나님을 내가 직접 찾아서 나의
아바아버지로 모셔야하는 것이다.

이처럼 나의 전부이신 하나님을 찾고 찾아야 그분께서 나의
완전한 하나님이 되어주시는 것이다. 수박의 참맛을 알려면 좋은
것을 구해 와야 하거니와 또 쪼개어서 잘 익은 속 부분을 직접 먹
어보아야 한다. 아예 구하지도 않았을 경우는 이야기도 성립되지
않겠지만 설사 구했더라도 쪼개지도 않고 겉만 핥거나 껍질만 씹
는다면 그 진짜 맛을 알 길이 없는 것이다.

마찬가지로 내 자신의 노력으로 참으로 좋으신 '나의 하나
님'을 찾아야하고 그분을 내 속에 모셔드리고 순종하여 충성하
므로 그분 속에 있는 생명을 받아 그분 안에서 새로운 피조물 이
되어서 그분의 말씀과 가르침이 나와 상관이 되어보아야 한다.

그리하여 그분을 믿는 나의 참믿음 속에서 수박 속과도 같은 믿음의 단맛을 내가 실제로 직접 체험을 통하여 맛보아야 하는 것이다.

즉 하나님께서 평강을 주신다고 약속 하셨으므로 평강을 받아 보아야하고, 거듭나지 않으면 천국에 들어갈 수 없다고 했으니 거듭나야 하고, 아들의 영이 내 속에 없으면 버리운 자라고 했으니 아들의 영이 내 속에 있어야 하고, 하나님의 말씀은 운동력이 있어서 살과 뼈를 쪼개기까지 한다고 하셨으니 하나님의 말씀으로 내가 깨어져서 변화가 되어야 하고, 네가 믿음에 있는지 너 자신을 시험하고 확증하라고 했으니 내 믿음을 내가 점검하고 잘 관찰하고 진단하여 구원의 확신이 내 속에 있는지를 확증해야 하는 것이다.

또 생명의 성령의 법이 죄와 사망의 법에서 너를 해방하였음이라 했으니 성령 받으면 자연 죽음의 공포가 물러가게 되므로 하나님 안에 참 자유를 누려야하는 것이고, 그 나라와 그 의를 구하라 그리하면 필요한 모든 것을 더하여 주리라고 하신 말씀대로 하나님 믿고 하나님 안에 삶으로써 부족한 것이 없는 삶을 살 수 있어야 하고, 아홉 가지 성령의 열매를 맺어야 한다고 했으니 그 열매를 맺어야 하는 것이다.

그래서 기독교가 계시종교인 동시에 체험종교라고 말하는 이유가 바로 여기에 있는 것이다. 즉 하나님의 계시를 내가 직접 내 몸과 마음을 통하여 체험과 경험으로 거쳐 보아야만 진짜 하나님을 바로 믿는 것이고 '아 과연 이것이 바로 하나님 믿는 것이구나. 아, 과연 이래서 예수 믿는 것이 참으로 좋다, 좋다, 하는구나. 아, 예수 믿으면 마음이 편안하고 욕심이 없어지고 세상 것이 자연 싫어지고 자유로워진다는 것이 이래서 그런 거구나' 하는 감탄이 나와 봐야 한다.

이 단계를 거친 후에야 비로소 하나님 아버지의 진정한 계시의 의미와 말씀의 참뜻을 깨달을 수가 있는 것이다. 내가 어떠한 하나님을 만나는가 하는 것은 내가 어떤 하나님을 '나의 하나님'으로 찾는가에 달려 있는 것이다.

수박 겉을 핥는 것과 같이 아무 맛도 없는 별 볼일 없는 하나님을 찾는 자에게는 그러한 하나님으로 만나 주시고, 수박껍질을 씹는 것과 같이 떨떨한 하나님을 찾는 자에게는 떨떨한 하나님으로 만나 주시고, 진실로 내 목숨을 바치고 내 인생을 다 걸어도 조금도 아쉬움이 없는 마치도 수박 속과도 같은 단맛을 지닌 참으로 좋으시고 살아계시는 하나님을 만나고자 하는 자는 그러한 하나님으로 만나 주시는 것이다. 이와 같이 실로 나를 만나주시는 '나의 하나님'은 그분을 담을 내 그릇모양에 달려 있는 것이다.

Spirit에서 나오는 생각으로 하나님을 섬기고, 기도하고, 봉사하고, 착한 일한 것만 하나님께서 받으시고, Soul에서 나오는 생각으로는 아무리 착한 마음으로 좋은 일을 많이 해도 하나님께 인정을 받을 수 없다. 그러므로 영적인 마음은 천국에 가게 되지만 혼적인 마음은 천국에 갈 수가 없다.

우리 몸은 하나님께서 하나님 자신을 담으시기 위하여 지으신 질그릇이라 한다. 이 사실을 깨닫지 못하는 우리 인간들은 하나님의 성전인 우리 육체에다 마땅히 담아야 할 하나님을 담지 않고 원래의 목적이 아닌 이 세상 것들 즉 세상 욕심, 돈, 명예, 권력, 권세 등 조만간 썩어 없어지고 죽을 때 단 한 딱지도 가져가지 못할 것들로 가득 채우므로 채우고 채워도 결코 만족이 없는 것이다.

공수래공수거! 빈손으로 왔다가 빈손으로 가는 것이 우리 인생인데도 우리들은 일평생 내 욕심 때문에 이웃이 죽어가는 줄도 모르고 긁어모으고 또 긁어모았던 온갖 재물, 명예, 지식, 학력, 그 어느 것 하나라도 죽음으로 다 털고 빈손으로 돌아가는 것이란 사실을 까맣게 잊은 듯 살아간다. 그러나 죽더라도 가져갈 수 있는 것이 딱 한 가지가 있으니 그것이 바로 예수이름과 하나님 말씀으로 가득한 알곡이다.

하나님 말씀이 없는 영혼은 지옥행이요, 하나님과 관계없는 충성 봉사는 쭉정이로 아무런 의미가 없다. 알곡은 천국곳간에 저장이 되지만 쭉정이는 풀무불에 던져지는 것이다. 수박 껍질을 핥는 것과 같은 헛믿음 또 수박 껍질을 씹는 것과 같은 떨떨하고 형식적인 믿음으로 결코 영생이 얻어질 수 없다. 수박 속과 같은 참믿음 속에 영생이 있음이 분명한 것이다.

영생은 예수 안에 있는 생명이므로 그분의 영이시고 생명이신 성령께서 내 속에 들어오셔서 태어날 때부터 죽어있는 나의 영을 살려야만 내가 영원히 살게 되는 것이다.

하나님께서는 죄가 없으시고 거룩하신 분이시므로 죄가 없고 거룩한 곳에서만 거하시기 때문에 진정한 회개를 통하여 죄씻음 받아 거룩하게 된 내 심령 속에 바로 모셔드리고 또 그분의 영광을 위한 나의 충성되고 올바르고 지속적인 노력과 수고 없이는 결단코 영생이 얻어질 수 없다.

그래서 나는 다시 한 번 강조하고 부탁하고 싶다.

하나님의 거룩한 성전인 우리 육체의 질그릇 속에 하나님을 담자.

하나님의 생명이신 성령을 모시자.

그리고 영예로운 하나님의 식구가 되자.

왜냐하면 영원히 사는 길이 바로 여기에 있고 이 세상 인생살이의 최후의 승리도 바로 여기에 있기 때문이다.

거듭나지 못하고 영생하지 못하는 건 비단 평신도 중에서만 있는 게 아니다. 지도자들도 올바로 믿지 않으면 평신도와 마찬가지로 구원은 없다.

누구든지 구원을 받지 못하면 하나님 식구가 아니고 마귀 식구에 속하고 있는 자인데 마귀자녀가 하나님을 섬긴다는 것은 이치상으로도 맞지 않는 것이다. 그러므로 내 영이 한시바삐 거듭남으로써 하나님의 식구가 먼저 되고 보는 것이 믿음의 순서일 것이다.

왜냐하면 아무리 열심을 내어 상급을 받을 만한 착한 일과 좋은 행위를 많이 했더라도 내 영이 구원받지 못하여 지옥으로 떨어지고 만다면 내 육체가 살아있을 동안 열심을 낸 그 착한 행동들이 다 허사가 되고 말기 때문이다.

갈라디아 4:29에 보면 "…홀로 사는 자의 자녀가 남편 있는 자의 자녀보다 많음이라 하였으니 형제들아 너희는 이삭과 같이 약속의 자녀라 그러나 그때에 육체를 따라 난 자가 성령을 따라 난 자를 핍박한 것같이 이제도 그러하도다" 하여 어느 시대나 숫자를 자랑하는 거듭나지 못한 자들이 숫자가 적은 거듭난 자들을 핍박하게 되어 있는 것이다.

모름지기 물과 기름이 절대 합쳐질 수가 없듯이 마귀자녀와 하나님자녀가 절대로 하나가 될 수 없기 때문이다.

사람은 속사람과 겉사람으로 구성되어 있다. 속사람은 보이지 않는 존재로 진실한 '나', 영적인 '나', 참된 '나' 또는 '진아'라고 하며, 겉사람은 보이는 존재로 뼈와 살과 피로 되어 있으며 거짓 '나', 육적인 '나', 마귀적인 '나', 또는 '가짜 나'라고 한다.

영적인 나, 즉 진아의 마음이 Heart라면 거짓 나의 마음이 Mind이다. 사람이 마음을 통하여 생각을 일으킬 때, 영적인 생각은 Spirit속에 있는 Heart에 나오고, 육적인 생각은 Soul속에 있는 Mind에서 나온다.

Spirit에서 나오는 생각으로 하나님을 섬기고, 기도하고, 봉사하고, 착한 일한 것만 하나님께서 받으시고, Soul에서 나오는 생각으로는 아무리 착한 마음으로 좋은 일을 많이 해도 하나님께 인정을 받을 수 없다. 그러므로 영적인 마음은 천국에 가게 되지만 혼적인 마음은 천국에 갈 수가 없다.

물론 교파에 따라 영과 혼과 육으로 나누기도, 또는 영혼과 육으로 나누기도 하는데 나는 단지 전자의 경우를 받아드려 생각해 보는 것이니 독자들의 이해를 구한다.

흔히 말하는 중생, 즉 거듭난 마음이 '영'적 마음이라면 거듭나기 이전의 마음이 '혼'적 마음이다. 예수를 믿기 전에는 영과 혼이 혼합된 상태에 있었으나, 예수를 영접하고 나면 영과 혼이 뚜렷이 구별된다. 영이 거듭난 혼은 영적인 마음 즉 하나님을 따르는 마음과 혼적인 마음 즉 마귀를 따르는 마음이 확연히 드러난다.

영의 마음은 하나님의 생명으로 거듭난 마음이고, 혼의 마음은 부모로부터 받은 마음이다. 혼적인 마음이 잠재의식 속에 숨어있는 무의식의 세계라면 영적인 마음은 양심을 통하여 올바로 생각하고 건전하게 살고자 하는 현재 의식을 말한다.

혼적인 마음은 마귀마음에서 일어나는 시기, 질투, 탐욕, 경쟁의식 등으로 형성되어 잠재의식으로 혼속에 저장되는 것이라면, 영적인 마음은 회개를 통하여 잠재의식 속에 숨어있는 나쁜 의식들을 모두 쏟아 버리고, 올바르고 정직하고 건전하게 살겠다는 하나님의 현재 의식으로 채워진 마음을 말한다.

믿음은 바로 내 속에 있는 혼적 마음 즉 마귀마음을 영적인 마음 즉 하나님의 마음으로 바꾸는 작업이다.

같은 맥락에서 인본주의와 신본주의가 있다.

인본주의는 사람이 자기의 마음으로 '이렇게 하면 하나님께서 기뻐하실 것이다' 라고 자기가 지어낸 하나님을 자기 마음대로 섬기는 것을 말하는 반면, 신본주의는 성경에 나타나 있는 하나님의 마음을 알아서 하나님의 마음으로 하나님을 섬기는 것을 말한다.

성경에는 하나님의 마음과 뜻과 믿음과 약속이 일백 퍼센트 완벽히 표현되어 있다. 성경을 공부하고 연구하는 것은 바로 성경에 나타나 있는 이러한 하나님의 마음과 뜻과 믿음과 약속을 있는 그대로 올바로 깨달아서 하나님께서 원하시는 대로 하나님을 섬기기 위해서이다.

왜냐하면 하나님께서는 당신 자신의 생각이 사람의 생각과는 다르다고 공언하시고 계시기 때문이다(이사야 55:8). 그래서 우리가 하나님을 섬기는데 있어서는 하나님의 마음을 알아서 하나님께서 원하시는 하나님의 마음으로 하나님을 섬겨야 한다.

그러므로 사람이 사람의 마음으로 하나님을 섬긴다는 것은 어불성설이다. 이 이치는 세상 자식들이 세상 아버지를 섬길 때도 자식 자신의 마음이 아니라 아버지의 마음에 들도록 아버지를 섬겨야 효자소리 듣는 것과 같은 뜻이다.

그러면 성경에 나타나 있는 하나님의 마음을 어떻게 왜곡하지 않고 정확히 깨달을 수가 있을까?

베드로 후서 1:20, 21에 "먼저 알 것은 성경의 모든 예언은 사사로이 풀 것이 아니니 예언은 언제든지 사람의 뜻으로 낸 것이 아니요 오직 성령의 감동하심을 입은 사람들이 하나님께 받아 말한 것임이니라"고 기록하고 있듯이 성경은 성령님에 의하여 쓰여졌다.

그러므로 성경에 나타나 있는 하나님의 마음을 올바르고 정확하게 깨닫기 위해서는 반드시 성령의 인도를 받아야 한다. 다시 말하면 성령으로 거듭난 자라야 그 사람 속에 계시는 성령의 인도를 받아서 하나님의 마음을 정확하게 깨달을 수가 있다는 말이다.

예로서 성경에 어떤 사건이나 내용이 언급되어 있을 경우, 그 경우에 합당한 하나님의 마음은 하나이다. 그러므로 사람이 성령의 인도를 받아 그 하나뿐인 하나님의 마음을 그 하나뿐인 하나님의 마음으로 깨달아야 하는 것이다.

그러나 사람들이 자기들의 얕은 머리통을 굴리고 저들의 인간적인 지식을 사용하여 하나님의 말씀을 하나님의 생각으로서가 아니고 자기들 생각대로 풀이하기 때문에 거기에 하나뿐인 하나님의 마음이 중구난방으로 풀이되고 있는 것이다.

기독교에 교파가 그렇게도 많은 것은 바로 이런 이유 때문이다. 기독교에서 시비꺼리가 되고 있는 이단문제는 바로 이와 같은 사람 마음으로 하나님의 마음을 잘못 풀이한 모순의 소치인 것이다.

성경에는 하나님께서 지으신 우주의 원리가 원리 그대로 하나도 빠짐없이 말씀으로 다 기록되어 있어서 사람이 사람의 머리를 써서 인간의 지식으로 말씀을 사사로이 풀기보다는 반드시 이 우주를 지으신 하나님의 영이신 성령님의 인도를 받아서 성경을 성경으로 풀 때에 가장 정확한 해답을 찾을 수가 있는 것이다.

왜냐하면 모든 성경말씀은 성경 즉 그 어딘가에 그 짝이 없는 것이 없어서 성경 속에서 생긴 의문은 필경 성경으로 다 풀리게 되어 있기 때문이다(이사야 34:15).

어느 시대 어느 곳을 막론하고 기독교내에서 부정과 부패가 만연하는 이유는 바로 많은 숫자의 크리스천들이 신본주의가 아닌 인본주의에 입각하여 하나님을 잘못 섬기고 있기 때문이다.

하여튼 우리는 신본주의에 굳게 서서 하나님의 사람으로서 하나님 중심으로 이 세상에서도 천국시민답게 살다가 본향, 하늘 나라 천국으로 가야한다. 그것이 마지막 크리스천들이 가야할 마지막 곳이다.

그리스도의 사람

성경은 그 속에 그리스도의 영이 없으면 그리스도의 사람이 아니라고 하는데 우리는 우리 속에 천지를 창조하신 하나님의 영을 가졌기 때문에 자랑스런 하나님의 자녀이고 그리스도의 사람, 즉 그리스도인이다.

그리스도인이란 거룩한 자 또는 구별된 자란 뜻이다. 우리 그리스도인은 세상 사람과 달라야 한다. 왜냐하면 우리는 이 땅에 살고는 있으나 이 땅에 속한 자가 아니고 하늘에 속한 자이기 때문이다. 따라서 우리는 우리가 하늘나라에 속한 자이므로 하늘에 속한 자답게 살아야 한다.

(1) 그리스도인은 세상을 향해서는 죽고 하늘을 향해 사는 자이다. – 우리의 소망은 이 땅에 있는 것이 아니고 하늘에 있기 때문이다. 우리의 육체는 80-90년이 고작이고 요즘 세월이 좋아져서

> 어느 가정을 막론하고 그 속을 잘 들여다보면 나름대로 다 크고 작은 수많은 고민거리와 문제가 도사리고 있기 마련인 것이다. 즉 경제적인 문제, 가족 간 관계의 문제 이기심에 의한 서로간의 시기, 질투, 알력, 다툼 등의 다양한 모양의 문젯거리가 존재하고 있는 것이다.
> 따라서 가정은 이와 같은 여러 문제의 발생과 그 해법을 찾는 실험실인지도 모를 일이다.

혹 100세를 산다 해도 결국은 모두 죽고 없어지는 존재이다. 그러나 우리의 영혼은 영원한 존재, 영생의 존재이기 때문이다.

(2) 그리스도인은 죄를 해결한 깨끗한 자이므로 죄를 짓지 않고 깨끗하고 거룩한 삶을 사는 자이다.

- 예수께서 십자가에서 피를 흘리시고 죽으신 이유가 바로 우리를 깨끗한 자로 만들어 천국에 데려가기 위해서이다.

(3) 그리스도인은 하늘나라 백성의 자격을 얻기 위하여 고된 훈련을 받는 자들이다.

- 어떤 경우에도 훈련은 고된 법이다. 이 땅에서의 일시적인 고난이나 고통은 저 세상에서의 영원한 영광의 삶과는 비교가 되지 않기 때문이다.

(4) 그리스도인은 하나님으로부터 받을 복 그릇을 준비하는 자이다.

- 우리는 하늘나라에서의 영원한 삶에 소망을 두고 있지만 그렇다고 이 세상 삶을 무시할 수 없다. 우리는 자랑스러운 하나님의 자녀이고 아버지이신 하나님이 복의 근원이시므로 우리는 하나님의 자녀로서 가난하고 초라한 삶보다는 당당하고 여유롭고 풍족한 삶을 살아야 한다.

(5) 그리스도인은 복의 근원인 하나님의 자녀답게 넉넉하고 여유롭게 살면서 이웃들에게 복의 통로로 사는 자들이다.

- 우리는 복의 근원이신 우리 아버지로부터 복을 받아 이웃의 복의 통로로서 많은 복을 이웃과 나눔으로써 더 큰 복을 받고 더 풍족한 삶을 누리며 살아야 한다.

(6) 그리스도인은 주님의 삶을 본보기로 삼고 사는 자들이다.

- 이전의 우리는 우리 주님께서 십자가에 못 박히실 때 주님과 함께 죽었고, 이제는 주님께서 우리 속에서 우리를 대신하여 살고 계시므로 우리는 주님의 분신인 작은 예수들인 것이다. 따라서 하나님의 새로운 피조물인 우리들 모든 그리스도인은 작은 예수들로서 백프로 우리 속에서 우리를 대신하여 사시는 주님의 삶을 본받아 주님처럼 살아야 한다.

(7) 그리스도인은 행복한 삶을 사는 자들이다.

- 우리의 영혼은 하나님과 함께 영원히 사는 소망과 꿈을 가지고 사는 자들이기 때문이다.

성령을 모시고 사는 사람이 그리스도인이라면 이 그리스도인들이 모여 사는 곳은 어디일까? 그곳은 가정이다. 이 땅의 가정은 하나님께서 천국의 모형으로 주신 작은 천국이라 한다. 그런데 예수님께서는 "네 원수는 네 집안에 있느니라"고 하여 지상 천국인 가정을 원수들이 함께 모여 사는 집합체라고 하셨다.

이 의견에 이의를 제기하는 사람들이 많을 것이라는 것을 나는 잘 안다. '하나님께서 지상천국으로 주신 가정이 원수들의 집합체라니 말도 안 되는 소리' 라는 것은 상식적으로 맞는 말일 수 있다. 그러나 잘 생각해 보면 그렇다.

우리의 고사에도 가화만사성 치국평천하(家和萬事成 治國平天下)라 하여 먼저 가정이 바로 서야 모든 일 즉 나라를 다스리는 일도 세상 평화를 이루는 일도 다 가능해진다는 말이다. 이 말은 무엇을 뜻하는가? 가정의 존재와 역할에 대한 중요한 메시지를 담고 있다고 하겠다. 즉 하나님께서 가정을 이 땅의 천국으로 주셨지만 그 가정이 천국이 되기가 쉽지 않다는 말일 것이다.

그 이유는 가정의 구성원인 가족 간에 또는 가족으로 인하여 일어나는 여러 가지 사건이나 문제들 때문이다. 다시 말하면 가족 간의 관계가 원수지간의 관계인데 이 원수지간의 관계를 사랑과 친구지간의 관계로 만들지 않고는 진정한 평화와 화합이 이루어질 수 없기 때문일 것이다. 그래서 현실 세계에서도 화평과 화합을 이루어 실제로 천국을 이루고 사는 가정이 극히 드문 것이다.

어느 가정을 막론하고 그 속을 잘 들여다보면 나름대로 다 크고 작은 수많은 고민거리와 문제가 도사리고 있기 마련인 것이다. 즉 경제적인 문제, 가족 간 관계의 문제, 이기심에 의한 서로 간의 시기, 질투, 알력, 다툼 등의 다양한 모양의 문젯거리가 존재하고 있는 것이다.

따라서 가정은 이와 같은 여러 문제의 발생과 그 해법을 찾는 실험실인지도 모를 일이다. 각 가정에 무슨 문제가 발생하면 그곳이 금방 지옥분위기가 되는가 하면 그 문제가 잘 해결되고 보다 더 좋은 일이 생기면 금방 그 가정의 분위기는 천국으로 바뀌고 마는 것이다.

가족 중의 누가 큰 사고를 쳐서 감옥에 가게 되었다면, 큰 병에 걸렸다면, 이혼을 하게 되었다면, 그 가족들의 단 한 사람이 가정과 가족에게 끼치는 영향은 금방 지옥, 요지경이 되고 마는 것이다. 반면 가족 중의 누가 대통령에 당선되었다면, 고시에 합격했다면, 또는 사업에 크게 성공했다면 그때의 가정 분위기는 금방 천국으로 변하고 말 것이다.

이와 같이 가정이 지옥이 되느냐 천국이 되느냐는 가족 한 사람 한 사람이 항상 제자리를 지키며 가족 구성원으로서의 자기

본분을 다 하느냐 그렇지 않느냐에 달려 있다 하겠다. 가족 한 사람 한 사람이 스스로 자기 천국을 자기가 만들어 간다면 온 가정이 다 천국이 되고 동시에 가족 간에도 화합과 단결을 도모할 수 있을 것이다.

그래서 예수님께서는 "또한 천국은 네 안에 있느니라"고 하여 천국은 가족구성원 각자의 마음속에 있고 또한 가족구성원 간의 좋은 인간관계 사이에 존재한다고 말씀하신 것이리라. 또 "네 원수를 사랑하라" "네 이웃을 내 몸과 같이 사랑하라"고 하신 그 말씀들도 또한 제일 우선적인 우리의 가정과 그 구성원인 가족들 간의 관계에 적용되어야 할 말씀들인 것이다. 왜냐하면 한 가정에서 그 가족구성원간이 서로가 원수지간이기는 하지만 어쨌든 제일 가까운 거리에서 가장 접촉이 용이하고 또 서로 아끼고 도우며 사랑을 실천할 수 있는 곳이기 때문이다. 곧 가정이 원수를 사랑하고 내 이웃을 내 몸과 같이 사랑하는 방법을 가장 쉽게 배우고 익히고 실천하므로써 원수지간이던 가족관계를 친구지간으로 만들어 그 가정이 천국으로 바뀔 때 각 가정에서 성취된 천국이 각각 그 가정의 구성원을 통하여 각각 그들의 직장, 지역사회, 국가와 세계로 연결 확산될 수 있기 때문일 것이다.

이런 의미에서 가정과 그 구성원인 가족의 외부로 끼치는 영

> "네 이웃을 내 몸과 같이 사랑하라"고 하신 그 말씀들도 또한 제일 우선적으로 우리의 가정과 그 구성원인 가족들 간의 관계에 적용되어야 할 말씀들인 것이다.
> 왜냐하면 한 가정에서 그 가족구성원간이 서로가 원수지간이기는 하지만 어쨌든 제일 가까운 거리에서 가장 접촉이 용이하고 또 서로 아끼고 도우며 사랑을 실천할 수 있는 곳이기 때문이다.

향은 대단하다고 하겠다. 그래서 흔히들 우리는 여러 목사님들의 설교를 통하여 가정이 먼저 바로 서야 교회가 바로 서고, 사회가 바로 서고, 국가가 바로 선다는 말을 많이 듣게 되는 것이다.

작금 가정 학교니 부부교실이니 하여 가정바로세우기를 위한 시도들이 많이 행해지고 있으며 실제로 괄목할만한 성과를 거두고 있는 것이다. 특히 기독교계에서는 이미 이 분야의 전문가가 많이 배출되어 있고 각 신학교내에서도 기독교교육과 기독교상담학과 등 해당 학과목의 강의가 개설되어 있고 여러 교회의 산하에도 전문가양성교과과정이 수없이 개설되어 있는 실정이다.

이렇듯 가정이 이토록 중요한 의미를 내포하고 있기 때문에 우리는 가정의 중요성을 조금이라도 소홀히 취급해서는 안 될 것 같다. 특히 하나님께서 이 땅의 천국으로 주신 특별하고 특별한 선물임에랴!

그 해답은 간단하다. 교육과 훈련의 장으로 나아갈 일이다. 부부간의 대화법도 교육을 받아야 하고 부부간의 성격이해도 배워야 한다. 같은 말도 여자의 표현과 남자의 표현은 다르고 같은 행동도 여자와 남자의 행동의 의미는 다르다. 그래서 사실 교육은 필수이다. 그것을 기초로 그 위에 신앙도 학식도 상식도 필요하며 인격수양도 그 위에 필요한 것이다. 이러한 노력을 전제로 하고 그 위에 하나님의 도우심을 구해야 한다고 생각한다.

그것은 가정의 역할이 지금 현재도 중요하지만 앞으로 우리들의 미래이고 희망인 우리 자녀들의 산교육의 현장이기도 한 까닭에 더더욱 그러한 것이다.

이제 우리는 우리들 가정 구성원간의 원활한 인간관계와 의사소통을 통하여 하나님의 사랑 안에서 서로가 서로를 의지하고 서로가 서로의 단점을 보완하며 서로가 힘을 합치고 합쳐 하나가 되어야 할 것이다.

이로써 가정의 구성원 각자 스스로가 자발적으로 만들어가고 있는 이 천국모형인 작은 천국, 가정을 우리 자녀들이 사회로 진출하기 전에 부모가 본보기로 보여줌으로써 그들로 하여금 무엇이 공동체 의식인지, 어떻게 그 안에서 내가 바로 서서 힘을 합치고 협조하여 보다 성숙한 또 하나의 가정과 사회와 국가를 만들어 갈 것인가를 미리 보여주어야 할 일이다. 이것이 하나님의 사람이 가장 우선적으로 해야 할 일이다.

　뿐만 아니라 그것을 미리 생각하고 깨닫게 하므로 그들로 하여금 장래에 보다 건전한 시민의식과 투철한 민족관과 국가관으로 무장한 일꾼으로 키워야할 일이다. 더 나아가 이들로 하여금 또 하나의 보다 건전한 가정의 가장과 시민과 국민으로 태어나고 성장하고 성숙케 하여야 할 것이다.

　그러기 위해서는 누구보다도 부부간에 서로 존중하고 하나가 되어야함은 두말할 나위가 없다.

　그런데 부부가 하나가 되어 사는 가정이 요즘은 참으로 귀하다. 지식과 학식을 겸비했어도 본받을 만한 신앙을 가졌어도 남다른 너그러운 성격을 가졌어도 부부가 하나 되는 데는 그것들의 작용은 무관한 것 같다. 왜냐하면 겉으로 보기에 문제가 없고 행복 가득해 보이는 가정인데도 알고 보면 너무나 그 안에서 서로 상처를 주고 아픔을 안고 사는 부부들이 의외로 많아 안타깝다. 그러니 이런 문제는 성격의 문제도 아니고 신앙과도 무관하다고 생각되는 것이다.

　그러면 어떻게 부부간의 싸움을, 어떻게 부부문제를 해결해야 할 것인가?

　그 해답은 간단하다. 교육과 훈련의 장으로 나아갈 일이다. 부부간의 대화법도 교육을 받아야 하고 부부간의 성격이해도 배워야 한다. 같은 말도 여자의 표현과 남자의 표현은 다르고 같은 행동도 여자와 남자의 행동의 의미는 다르다. 그래서 사실 교육은 필수이다. 그것을 기초로 그 위에 신앙도 학식도 상식도 필요하며 인격수양도 그 위에 필요한 것이다. 이러한 노력을 전재로 하고 그 위에 하나님의 도우심을 구해야 한다고 생각한다.

흔히들 부부는 원수지간이라 한다. 그렇다면 왜 하나님께서는 남편이라는 저 원수를, 아내라는 저 원수를 한 집에서 같은 TV보고 한 솥밥 먹고 한 이불 덮고 자면서 계속 싸움질을 하며 살게 두시는지 참으로 아이러니다.

그런데 조금만 지혜를 모아 신경을 쓴다면 금방 그 속에서 놀랄만한 의미를 발견할 수 있을 것이다. 왜냐하면 하나님께서는 남편이라는 저 원수를, 아내라는 저 원수를 통하여 '나'라는 한 인간을 사람다운 사람으로, 하나님께서 원하시는 사람으로, 하늘나라에 합당한 사람으로 만드시려는 원대하고 거룩한 계획이 있다는 사실을 깨닫게 될 것이기 때문이다.

부부간에 이런 오묘한 차원의 의미를 깨닫기 전까지는 아직 성숙한 단계의 부부라고 할수는 없다. 그러나 정말로 원숙한 부부는 그러한 깊은 경지에 이른다.

그러므로 내가 생각하는 저 원수인 내 남편, 저 원수인 내 아내는 나의 원수가 아니라 나를 가르쳐서 올바른 길로 인도하는

기독교 신앙에서 거듭난 사람은 화를 다스릴 수 있어야
한다. 혈기는 하나님의 원수인 마귀를 춤추게 하는 짓이
다. 이 또한 서로 다툴 때라도 혈기를 다스릴 수 있도록
훈련을 받아야 한다.
이 훈련은 이미 올라온 혈기를 참고 억눌러 견뎌내는 것
이기도 하겠지만 아예 뿌리에서부터 혈기가 올라오지
못하게 훈련을 받는 것이다. 즉 원수인 상대방으로부터
억울한 소리를 들어도 내 마음에 전혀 동요가 없어야 하
고 혈기의 기미조차도 올라와서는 안 되는 것이다.

나의 위대한 스승이요 몽학선생인 것이다. 따라서 이제부터는 원수로 생각지 말고 하나님께서 나에게 특별히 보내신 선생이요 훈련 상대로 바라보아야할 일이다. 그렇게 되면 상대방을 통해 곧 많은 깨달음을 얻을 수 있을 것이다.

기독신앙에서 거듭난 사람은 화를 다스릴 수 있어야 한다. 혈기는 하나님의 원수인 마귀를 춤추게 하는 짓이다. 이 또한 서로 다툴 때라도 혈기를 다스릴 수 있도록 훈련을 받아야 한다.

이 훈련은 이미 올라온 혈기를 참고 억눌러 견뎌내는 것이기도 하겠지만 아예 뿌리에서부터 혈기가 올라오지 못하게 훈련을 받는 것이다. 즉 원수인 상대방으로부터 억울한 소리를 들어도 내 마음에 전혀 동요가 없어야 하고 혈기의 기미조차도 올라와서는 안 되는 것이다. 마치도 로마 병정들에게 사지에 대못을 박히시고 옆구리를 창으로 찔려 보혈을 펑펑 쏟으시면서도 주님께서는 조금도 혈기를 부리신 적이 없는 것처럼 말이다.

　대부분의 부부싸움은 사소한 것에서부터 혈기를 다스리지 못하여 일어난다. 그러므로 혈기로 인하여 마귀를 춤추게 하지 말자. 특히 그리스도인이라고 하면서 부부싸움을 한다면 이것은 하나님을 욕보이는 것이요 마귀 앞에서 하나님을 조롱하는 꼴이 되고 마는 것이다.

　따라서 우리는 완벽한 그리스도인이 되기 위해 우리들의 가정화합의 중보자이신 하나님의 마음과 심정과 사정을 잘 살펴서 마귀를 제외하고는 그 어느 누구에게도 도움이 되지 않는 일은 절대로 하지 않도록 참고 노력하고 또 참고 노력하여야 할 것이다.

사실 사업에 대승을 한 사람도 가정에서 성공을 이루지 못하면 그 사람은 진정한 의미에서 성공을 이뤘다고 말할 수 없다. 세상에서 좀 어리석어 보이더라도 사회에서 좀 뒤떨어지더라도 가정에서 성공하면 이런 사람이 결과적으로 성공한 인생을 산 사람이다.

　성공에는 두 종류가 있다. 첫째는 세상살이 성공이요, 둘째는 인생살이 성공이다.

　세상살이 성공은 돈, 명예, 권력 등과 같이 내가 이 세상에 존재하는 그날까지 눈에 보이는 일시적인 것들을 얼마만큼 모으고 소유했느냐 이지만 인생살이 성공은 눈에 보이지는 않지만 영원한 가치를 가진 평화, 행복, 만족, 자유, 인내… 등을 이 세상에서부터 천국으로 가는 순간까지 영원히 소유하고 사는 삶을 말한다.

따라서 이 세상을 사는 사람 중에는 전자를 추구하며 사는 무리들과 후자를 추구하며 사는 무리가 있다. 전자를 세상적인 사람이라고 한다면 후자는 신앙인이라고 말할 수 있겠다. 전자를 추구하는 성공의 기준과 후자가 추구하는 성공의 기준이 다를 수밖에 없는 것이다.

우리들 인간도 여타 보이는 세상 물건처럼 유한한 존재이기 때문에 이 세상에서의 존재가 끝나는 날 내가 가졌던 모든 것들이 나와는 아무 상관이 없게 된다.

그런 것을 보완하기 위하여 보이지 않는 존재를 따라 보이지 않는 미래를 미리미리 준비하는 것이 요구된다. 그래서 성경에도 보이는 것보다 보이지 않는 것이 더 중요하다고 말해주고 있는 것이다.

그래서 진정한 성공은 일시적인 세상적인 성공이 아니라 이 세상에서 시작하여 하늘나라에 가는 순간까지 계속되는 영원한 성공이 될 때 그것이 진정한 성공이다.

그러므로 진정한 승자는 이 두 가지 모두를 성취하는 사람이다. 이 세상에서도 많은 것을 소유하고 그리스도인으로서 잘 살아야한다. 물질적 부자일 뿐 아니라 천국에서도 영원히 축복받는 영적인 부자가 될 때 진정한 승리자일 것이다.

진정한 승리는 오직 하나님을 믿는 믿음 안에서만 가능한 것이다. 왜냐하면 하나님이 없는 사람에게는 세상적인 성공은 가능하겠지만 천국까지 계속되는 영적 부자 인생은 결코 될 수 없기 때문이다.

하나님의 사람, 그리스도인은 결국 승리하게 되어 있다.

기독교는
완전한 종교이다

나는 감히 주장한다. 이 세상 종교 중에서 개신교보다 더 완벽하고 완전한 종교는 없다.

개신교는 이 세상의 어떤 언어로도 기술할 수 없을 정도로 가장 완벽하고 완전한 종교이다. 그것은 하나님께서 내 안에서는 능치 못함이 없다고 말씀하신 것처럼 개신교가 영원한 천국을 확실히 보장할 뿐 아니라 이 세상에서 발생하는 그 어떤 문제든지 다 해결할 수 있는 가장 완벽하고 진보된 종교이기 때문이다.

그럼에도 불구하고 오늘날 믿음의 현장에서는 해결할 수 없어 보이는 수많은 신앙적인 난제들이 발생하고 있다. 또한 이런 문제들을 해결하지 못하므로 어떤 사람들은 현대의 기독교가 정신개발을 무시하고 과학을 앞세운 물질문명에 빠져 인간심성을 메마르게 한 결과 그 막다른 골목에 와 있다며 그 한계성을 거론하고 있는 실정이다.

그런데 잘 알고보면 이러한 현상은 기독교 자체가 그 어떤 한계성을 지녔기 때문이 아니라 지금까지 기독교를 이끌어 왔고 지금도 이끌고 있는 인간심성의 타락과 그 부조리에서 오는 모순, 그리고 인간 능력의 한계가 기독교를 무능한 종교로 전락시켰기 때문이다.

　　다시 말해 기독교는 우주 만물을 창조하신 하나님을 섬기며 영원히 그분을 찬양하는 종교이다. 아니 기독교는 종교라기보다 생명 그 자체라고 해야 옳다.

　　그런데 어이없게도 좀 뜸하다 싶으면 반기독교 서적이 출판되어 교계를 뒤흔들어 놓는가 하면 또 좀 뜸하다 싶으면 영상미디어 매체들이 반기독교 다큐물을 방영하여 교계를 발칵 뒤집어 쑥대밭으로 만들어 놓기도 한다.

　　미국의 교도소선교회 창설자인 척 콜슨(Chuck Colson)은 '믿음(The Faith)' 이라는 책을 통해 극단적인 무신론자들이 수많은 저서를 쏟아내어 기독교를 비판하고 그들의 잘못된 편견에 의해 기독교가 그들의 힘대로 정의되고 있는 실정이다. 그럼에도 불구하고 기독인들의 성경에 대한 무지가 이런 위협에 대항하여 기독교를 옹호하지 못하고 있는 실정이라 한탄한다는 기사를 읽은 바 있다.

　　이 기사를 읽고 나는 참으로 분개했다. 그래서 나는 선포

한다.

"누가 감히 기독교를 폄하하는가? 이 세상에서 기독교보다
더 확실하고 완벽한 종교는 없다. 그러므로 기독교에 대하여 토
를 달며 볼멘소리를 하는 자 그 누구를 막론하고 자기 자신의 무
지를 자기 스스로 폭로하는 무식한 자이다."

기독교의 특징은 계시의 종교요, 체험의 종교이며, 생명과
부활의 종교라는 점이다. 즉 누구라도 성경에 계시된 하나님의
말씀을 믿고 얻은 새생명으로 죽은 자 가운데서 다시 살아나서
천국 소망을 성취하는 종교이다.

따라서 기독교 교리인 성경은 학문이나 연구의 대상이 아니
고 살아계신 하나님을 만나고 섬김으로 그분과의 새로운 관계정
립을 통하여 그 마음과 성품이 그분을 닮아서 천국 백성이 되는
데 조금도 하자가 없도록 준비하는데 필요한 교과서이고 안내서
인 것이다.

그러므로 누구든지 성경의 계시에 따라서 말씀을 믿고 자신
의 영이 하나님의 영인 성령으로 거듭나게 되면 그 속에 계시는
성령의 역사에 의하여 성경에 쓰여 있는 모든 내용이 꼭 그대로
백 퍼센트 완벽히 그 마음에 저절로 믿어지는 것이다. 그리고 다
음과 같이 변하게 된다.

첫째, 왜 꼭 예수를 믿지 않으면 안 되는가를 깨닫게 된다.

그런데 잘 알고보면 이러한 현상은 기독교 자체가 그
어떤 한계성을 지녔기 때문이 아니라 지금까지 기독교
를 이끌어 왔고 지금도 이끌고 있는 인간심성의 타락과
그 부조리에서 오는 모순, 그리고 인간 능력의 한계가
기독교를 무능한 종교로 전락시켰기 때문이다.
다시 말해 기독교는 우주 만물을 창조하신 하나님을 섬
기며 영원히 그분을 찬양하는 종교이다. 아니 기독교는
종교라기보다 생명 그 자체라고 해야 옳다.

둘째, 예수 믿는 것이 얼마나 좋고, 왜 좋고, 어떻게 좋은가
를 알게 된다.

셋째, 예수 믿는 참가치와 참보람을 발견하게 된다.

넷째, 기독교에 대하여 볼멘소리나 토를 달기도 전에 이미
기독교의 매력에 푹 빠지고 만다.

다섯째, 그 결과로 지금까지 기독교에 대하여 가지고 있었던
잘못된 지식이나 편견, 선입견으로부터 해방된다.

그러므로 예수를 믿는 믿음을 통하여 하나님으로부터 새생명
을 받아 성경이 제시한대로 성령의 인도에 의하여 그 마음과 성
품이 하나님과 천국백성의 그것으로 변화되어 완전히 천국에 합
당한 새사람이 되는 체험을 해보지 않고는 결코 기독교의 참진리
를 이해할 수 없는 것이다. 따라서 기독교에 대하여 볼멘소리를

하고 토를 다는 자들은 아직까지 이와 같은 체험을 통하여 기독교의 진수를 맛보지 못한 자들인 것이다.

따라서 그러한 자들이 단순히 자기들의 잘못된 개인적인 지식이나 선입견과 편견으로 세상 시각과 안목에 따라 기독교를 폄하하는 것은 따지도 않은 수박속의 진짜 맛을 인지 못하고 떱떨한 껍질만 씹으면서 "수박 맛이 왜 이래" 라며 수박 맛이 없다고 불평하는 것이나 조금도 다를 바 없다고 하겠다.

따라서 그 영이 예수님의 영으로 거듭나서 그 마음이 예수님의 마음으로 변화되어 천국에 합당한 새사람이 되는 체험을 통하여 기독교의 진수를 맛보지 못하고 그저 자기의 개인적인 생각, 편견, 선입관으로 기독교를 폄하하는 자는 자기 자신의 무지를 스스로 폭로하는 자요, 기독교에 대하여 왈가왈부할 자격을 갖춘 자라고 할수 없는 것이다.

더불어 내친김에 꼭 한마디 더 첨가해 두고 싶은 말은, 만일 그대의 체험이 이 단계를 넘어 서게 되면 그대가 반기독교 서적의 저자이건 또는 반기독교 다큐 제작진의 멤버이건 간에 그대가 그것들을 통하여 기독교에 대하여 제기하고 있는 모든 문제점들이 그대 자신에게 아무런 의미가 없게 되어 버리게 될 것이다.

그리고 동시에 그대가 기독교를 폄하하기에 앞서 기독교의 매력에 미치도록 푹 빠져 독실한 기독교 신자로 변신하여 예수님의 참 제자가 되어 버리고 말 것이다.

또 지금까지 뭐 좀 안답시고 목에 힘주고 뻐기며 설쳐댔던 그대의 교만이 무참히 꺾이고 말 것이고, 그래서 멋쩍게 머리를 긁적거리며 '아, 참 내가 뭐를 안다고 그렇게 설쳐댔었지?' 라는 독백과 함께 스스로 자신이 부끄러워 쥐구멍이라도 찾고 싶은 심경이 되고 말 것이다.

우리가 섬기는 하나님께서는 능치 못함이 없으신 완전한 분이시다. 그러므로 능치 못함이 없으신 완전한 분이신 하나님을 섬기는 기독교도 완전해야 한다. 따라서 그 안에서 해결하지 못할 문제가 하나도 없어야 하고 더불어 능치 못함이 없으신 하나님을 섬기는 우리들도 우리들의 모든 문제를 하나님 안에서 해결받아 능치 못함이 없는 삶을 살아야 한다.

왜냐하면 하나님께서는 이 우주를 창조하실 때 하나님의 창조세계에서 발생하는 어떤 문제도 자기의 창조질서 안에서 완벽히 해결할 수 있는 제반요소들도 더불어 이미 다 창조해 놓으셨기 때문이다. 그런 의미에서 인류역사는 하나님의 창조세계에서 발생하는 문제들의 해답을 찾는 한 과정인지도 모를 일이다.

그러므로 하나님을 믿지 않는 불신자와는 달리 하나님을 믿는 기독인들은 하나님께서 주신 모든 은혜를 충분히 누리며 하나

오늘날 가톨릭과 불교의 신자 수는 점점 증가하고 있는
데 유독 개신교도 숫자만 계속 줄어들고 있는 이유도 바
로 이런 교계와 교회지도자들이 신자들에게 만족할만한
진리의 꼴을 먹여주지 못하기 때문이라 사료된다.
그 결과 그들이 진리에 무지할 수밖에 없고, 또 진리에
무지하기 때문에 그들의 마음과 생활 속에 당연히 나타
나야할 평안, 기쁨, 자유, 행복, 즐거움, 여유, 안전, 만
족 등의 하나님의 속성이 나타나지 못하는 것이다.

님 안에서 평화롭고 안정된 삶, 기쁘고 즐거운 삶, 행복하고 만족
한 삶, 자유롭고 건강한 삶, 여유롭고 형통한 은혜의 삶을 실 수
있어야 한다.

그럼에도 불구하고 오늘날 하나님을 믿고 있는 대부분의 사
람들은 단순한 믿음의 흉내만 내고 있을 뿐, 진실한 하나님의 은
혜를 만끽하지 못하고 살고 있는 것이다. 그 이유가 무엇일까?
그것은 그들이 바로 진리를 아는 지식이 부족하기 때문이다.

오늘날 교계와 교회와 교인들이 다 같이 황금만능 물질주의
와 배금사상에 빠져 세상을 좇는 일에는 눈코 뜰 사이 없이 바쁘
고 적극적이지만 진리를 좇는 일에는 극히 소극적이고 게으르다
는 사실은 누구라도 부정하지 못할 주지의 사실이다.

하나님의 진리는 더 많이 알면 알수록 그 아는 만큼의 더 큰
은혜를 향유할 수 있지만 진리를 모르면 모르는 만큼 그 은혜의

> 예수 믿는 기쁨과 즐거움, 예수 믿는 가치와 보람을 발
> 견하지 못한 채 하나님의 은혜에 대한 감사와 고마움,
> 하나님을 향한 찬양과 경배의 부재 속에 살고 있는 것이
> 다.
> 이런 삶을 어찌 하나님께서 원하시는 삶이라 할 수 있
> 겠는가? 이런 삶은 언제나 필요 이상으로 넘치도록 채
> 우시는 하나님의 뜻에 부응하는 삶도 아니요, 하나님의
> 자녀로서의 삶의 태도도 아니며 또한 하나님을 섬기는
> 도리는 더더욱 아닌 것이다.

향유를 제한받게 된다. 그러므로 하나님께서 자녀들이 마음껏 누리고 살 수 있도록 넘치고 넘치는 은혜를 베풀어 주셨음에도 불구하고 진리를 몰라서 은혜를 그만큼 누리고 살지 못한다면 이것도 결과적으로 하나님의 은혜를 경시하고 무시하는 처사일 뿐 아니라 하나님을 바로 섬기지 못하는 불경이 되고 만다.

그것은 또한 하나님의 은혜에 대한 감사와 고마움의 부재, 하나님에 대한 불신과 불평, 무관심으로 나타나게 되는 것이다. 오늘날 큰 문제가 되고 있는 포스터 모더니즘이나 종교다원주의 같은 것들이 그 부산물이라고 할 수 있겠다.

그래서 일까? 오늘날 가톨릭과 불교의 신자 수는 점점 증가하고 있는데 유독 개신교도 숫자만 계속 줄어들고 있는 이유도 바로 이런 교계와 교회지도자들이 신자들에게 만족할만한 진리의 꼴을 먹여주지 못하기 때문이라 사료된다.

그 결과 그들이 진리에 무지할 수밖에 없고, 또 진리에 무지하기 때문에 그들의 마음과 생활 속에 당연히 나타나야할 평안, 기쁨, 자유, 행복, 즐거움, 여유, 안전, 만족 등의 하나님의 속성이 나타나지 못하는 것이다.

그리고 오히려 불안과 초조, 의심과 의문, 부정과 불신의 마귀적인 속성에 사로잡혀 우왕좌왕 갈피를 잡지 못한 채, 그저 뜨뜻미지근하고 맹목적이며 이것도 아니고 저것도 아닌 무미건조하고 공허한 삶 속에 갇혀 있는 것이다.

따라서 예수 믿는 기쁨과 즐거움, 예수 믿는 가치와 보람을 발견하지 못한 채 하나님의 은혜에 대한 감사와 고마움, 하나님을 향한 찬양과 경배의 부재 속에 살고 있는 것이다.

이런 삶을 어찌 하나님께서 원하시는 삶이라 할수 있겠는가? 이런 삶은 언제나 필요 이상으로 넘치도록 채우시는 하나님의 뜻에 부응하는 삶도 아니요, 하나님의 자녀로서의 삶의 태도도 아니며 또한 하나님을 섬기는 도리는 더더욱 아닌 것이다.

그러므로 우리는 신앙의 참가치가 무언인지, 성숙한 신앙이 어떠하여야 하는지에 대한 새로운 신앙의 정립이 요구되는 것이다.

그저 구원이 어떻고 십자가의 사랑이 어떻고 하여 제자리걸음만 하고 있을 것이 아니라 현재의 믿음 전선에 이상은 없는가,

무슨 하자가 있는가, 무엇이 잘못되어 있는가를 연구 분석하여 진실로 하나님을 믿는 믿음의 참가치와 보람을 재정립하여야 할 일이다.

그래서 날로 진보하고 발전하는 보다 한층 더 차원 높은 단계로의 성장과 성숙의 가치추구에 참된 노력을 경주하여야 할 것이다.

어떻게 보면 우리 성도들은 끊임없이 영적전쟁을 치러야할 운명을 타고났다. 그것은 교회지도자들이나 그 누구도 대신 치러줄 수 없는 우리들 자신이 싸워 이겨야 하는 싸움이다. 그 싸움에서 이기는 사람들만이 사탄의 권세에서 벗어나 하나님의 진정한 자녀가 되는 것이며 천국을 입성하게 되는 것이다.

전도에 열정적인 어느 목사님의 간증을 적어보려고 한다.

첫 번째 간증

- 한국 시골 어느 마을에 가난한 부부가 살고 있었는데 남편이 중풍에 걸렸다. 아내가 남편의 대소변을 받아내며 남편 간호를 계속해야 하지만 먹고 살아야 하기에 일을 하지 않으면 안 되었다. 그래서 어쩔 수 없이 병든 남편이지만 혼자 두고 직장에

나갈 수밖에 없었다. 그래서 직장에 갈 때 기저귀를 미리 채워놓고 갔다고 한다. 그러나 긴 시간이라 대소변을 본 위에 보고 또 보니 기저귀고 이부자리고 다 엉망이 되었다. 뿐만 아니라 냄새가 코를 찔렀다고 한다.

이 소식을 들은 목사님이 그 환자의 영혼을 구원시키기로 작정하고 스스로 자청하여 병수발을 들기로 하고 매일 그 집에 출퇴근, 대소변을 받아내며 그 환자를 무려 6개월간이나 간병을 했디고 한다. 그러나 매일 환자에게 예수 믿고 구원받으라는 소리만 하면 그때마다 고개를 옆으로 핵핵 돌리고 만다는 것이다. 그리하다 드디어 운명할 순간이 다가왔을 때 그 집 아들이 자기아버지가 운명하실 것 같다며 목사님께 연락이 왔다.

급히 환자에게로 달려간 목사님은 숨이 넘어가는 환자에게 자기를 따라 하라 하면서 환자로 하여금 '예수 믿는다'고 고백을 시키고자 하였으나 그 환자는 여전히 고개를 핵 돌리는 것이었다. 물론 목사님의 말씀을 따라서 복창하는 것도 거부했다는 것이다.

이에 6개월간이나 힘들게 간호를 해왔던 목사님은 괘씸한 생각에 화가 극도로 치밀었다고 한다. 그래서 환자에게 호통을 쳤다고 한다.

"여보시오, 당신 영혼 한번 구원시켜 보겠다고 6개월간이

나 힘든 간호로 당신을 보살폈는데 사람이 그럴 수 있습니까?"

그 순간 돌연 그 목사님께서 영안이 열렸다고 한다. 그래서 보니까 시커먼 가운을 입은 세 사람의 저승사자가 오더니 다짜고짜로 '이 놈아, 어서 가자. 이놈아, 어서 가자' 하며 고함을 지르며 다그치더라는 것이다. 이에 그 환자는 '안가, 못가' 하며 발악을 하다 숨이 넘어가자 그 저승사자들이 그 환자를 끌고 가더라는 것이다.

두 번째 간증

- 남편을 여의고 시골에서 어린 아들과 함께 힘겹게 살고 있던 한 부인이 우울증에 시달리고 있었다고 한다. 목사님께서 그 집을 방문하고 부인에게 예수 믿고 구원받으라고 전도했을 때 그 부인은 "나는 죄가 많아서 예수를 못 믿는다"고 했다는 것이다.

이에 목사님은 그 부인에게 복음을 전했다.

"부인, 세상 죄가 아무리 크다고 해도 예수님의 사랑보다는 크지 못합니다. 그러므로 부인의 죄가 아무리 크고 중하다고 해도 예수님의 사랑으로 넉넉히 해결 받고도 남음이 있으니 걱정할 필요가 없습니다. 다만 믿기만 하십시요."

그 소리를 들은 우울증 부인은 "예수님을 믿겠습니다"고 하면서 "내가 죽을 때 꼭 목사님의 무릎에서 죽게 해주십시오"라고 간청했다고 한다.

나중에 그 부인이 임종하게 되었을 때 역시 그 집 아들이 황급히 목사님께 달려와 자기 어머니의 임종이 가까웠다고 전했다고 한다. 이에 목사님이 급하게 달려가 보니 그 부인이 정말로 숨을 거두고 있는 중이었다고 한다. 그래서 목사님이 무릎으로 그 부인을 안았을 때 또 다시 영안이 열렸다고 한다. 그래서 보니까 하늘에서 흰옷 입은 천사들이 쫙 내려오더니 그 환자의 동서남북 네 코너에 창을 밖으로 향하여 들고 경계를 서더라는 것이다.

그런데 조금 있으니까 검은 가운을 입은 저승사자들이 와서 그 부인을 자기들이 잡아가겠다고 하여 천사들과 다툼이 일어났다고 한다. 사자들이 천사들과 한참을 다투다 말고 '저런 년이 어떻게 천당엘 갈 수 있어?' 라고 큰소리로 욕을 하고는 '그만 가자' 하고 돌아가더라는 것이다.

그 후 그 천사들은 급하게 조르는 일도 없고 서두르는 일도 없이 그녀가 완전히 숨을 거둘 때까지 천천히 기다리다가 숨이 완전히 넘어갔을 때 다른 천사가 흰 보자기를 들고 하늘로부터 한가운데로 내려오더니 그 부인을 흰 보자기에 담아서 다 같이 하늘로 올라가더라는 것이다.

목사님은 이 두 가지 예를 통하여 재미있는 사실을 경험했다
고 한다.

　　첫째는 예수를 안 믿고 죽은 자는 저승사자가 와서 잡아가고,
예수를 믿고 죽은 자는 천사들이 와서 모셔가더라는 것이다.

　　둘째는 저승사자들은 큰소리로 욕을 하며 '어서 가자'고
재촉하며 끌고 가지만, 천사들은 예의를 갖추고 서두르는 법도
없고 천천히 모셔가더라는 것이다.

　　하여튼 저승사자가 있는지, 저승사자가 데려가는지는 모르지
만 분명한 것은 믿는 성도들은 천사의 호위를 받으며 천국으로
가서 신랑 예수를 만날 것이며 불신자들은 사탄의 지배아래 그
영혼이 영원한 지옥으로 가는 것이다.

　　이런 간증을 통하여 다시 한 번 우리가 각성할 것은 비록 이
세상에 살고 있지만 우리 성도들은 글자그대로 하늘나라 백성인
고로 천국시민답게 살아야 한다는 것이다. 그것은 이 세상에서
사는 동안 잠시도 쉼 없이 엄습해 오는 영적전쟁에서 승리해야
된다는 뜻이다.

　　그것은 오직 성령의 인도를 따라 사는 길밖에는 없다.

사적으로
하나님을 알아야 한다

TV나 신문 등 매스컴에서 얼굴을 자주 보던 연예인이나 유명 인사를 우연히 길에서 만나면 무척 반갑다. 심지어는 오래전부터 알던 사람처럼 느껴져서 친근감까지 느껴진다. 그런데 나는 반가워 손이라도 덥석 잡고 싶은 심정인데 과연 그 사람도 나를 알고 있을까?

아니다. 그 사람들은 나를 모른다. 단지 일방적으로 나만 그를 알고, 나만 그가 반가울 뿐이다.

사람을 안다는 건 쌍방이 아는 경우도 있지만 어느 한 쪽에서만 아는 경우도 있다. 안다고 하더라도 공적으로 아는 것과 사적으로 아는 것과는 상당한 차이가 있다.

하나님도 마찬가지이다. 나는 하나님을 아는데 하나님은 나를 모르실수도 있다. 우리가 그냥 일방적으로 하나님을 아는 경우, 그것은 믿음과는 전연 관계가 없을 수 있다. 다시 말하면 성서에서 지적한대로 "나는 너를 도무지 알지 못한다"고 주님이 말씀하실 수가 있다는 말이다. 그래서 믿음에 대해 정확히 알고 넘어가야할 것 같다.

(Ⅰ) 믿음과 혁명(Faith & Revolution)

성경은 그 속에 그리스도의 영이 없으면 그리스도의 사람이 아니라고 공언하고 있다. 그러므로 믿음이란 회개를 통하여 하나님으로부터 죄 용서를 받고 그 보증으로 성령을 선물로 받아 실제로 성령님을 내 속에 탄생시키는 작업이다.

다시 말하면 믿음은 지금까지의 나의 주인이었던 마귀를 버리고 예수님을 나의 새 주인으로 모시는 혁명인 것이다.

마귀가 나의 주인이었을 때는 내가 마귀처럼 살았다. 밥 먹듯 죄를 짓고 남을 미워하고 시기하고 질투하며 세상 것들을 사랑하고 벗하며 살았다. 그러나 이제는 나의 죄와 정욕과 세상과 벗하는 마음과 더불어 '나'라는 존재를 완전히 예수님과 함께 십자가에 못 박아 버렸으므로 내가 더 이상 존재하지 않으므로 이제는 내 대신에 예수님이 내 속에서 나를 대신하여 사시게 된 것이다. 그러므로 이제는 내가 할수 있는 일은 오직 내 속에서 성령으로 나를 대신하여 사시는 예수님의 뜻에 순종하는 일밖에는 없는 것

나는 반가워 손이라도 덥석 잡고 싶은 심정인데 과연 그 사람도 나를 알고 있을까?

아니다. 그 사람들은 나를 모른다. 단지 일방적으로 나만 그를 알고, 나만 그가 반가울 뿐이다.

사람을 안다는 건 쌍방이 아는 경우도 있지만 어느 한쪽에서만 아는 경우도 있다. 안다고 하더라도 공적으로 아는 것과 사적으로 아는 것과는 상당한 차이가 있다.

이다. 그리고 이 순종의 삶을 통하여 내가 예수님의 거룩한 성품을 닮아가야 한다. 이것을 성화라 한다.

이 성화를 통하여 나의 성품이 예수님의 거룩한 성품을 닮아가야 한다. 그 이유는 바로 예수님이 천국백성의 표본이시기 때문이다.

그러므로 이 성화를 통하여 그 성품이 예수님의 거룩한 성품으로 변화된 자만이 천국백성이 되는 것이다. 따라서 부활 때도 우리는 예수님과 같은 형체로 부활하는 것이다. 이것이 우리가 추구하는 믿음의 패러다임인 것이다.

그러나 오늘날 교회가 점점 세속주의와 물량주의에 빠져들어 안타까운 일이 아닐 수 없다. 이웃교회의 교인 빼앗기, 경쟁적인 건물확장, 형식적인 해외선교, 형편없는 구제사업, 세습으로 인한 교회분쟁 등등으로 인하여 대사회 신용추락과 자정능력의 상실과 더불어 각종 비리의 온상으로 전락한 나머지 세상 사람들로부터 손가락질과 조롱을 받고 있다.

그리고 드디어는 언론매체들로부터도 이런 문제들을 집중 조명을 받고 있는 실정이다. 그래서 모범적으로 잘 성장하며 정상적으로 묵묵히 교회의 사명을 다하는 교회들도 상처를 받고 아파하고 있다. 또한 일부 양심적인 목회자들은 이런 현실을 바로잡고 실추된 교계의 명예회복을 위하여 분골쇄신하고 있는 것이다.

그러면 "나를 믿는 너희들은 세상의 빛과 소금이 되어야 한다"고 하신 하나님의 명령에 따라서 국가와 사회의 정신적인 구심점으로 각종 비리와 부패척결의 기수가 되어야 할 교계에 왜 이런 일이 생기는가?

믿음은 주인을 바꾸는 작업이고 우리는 이전의 마귀에서 지금은 하나님으로 나의 주인을 바꾼 사람들이다. 그렇다면 이제 우리는 과거의 주인이었던 마귀를 포기하고 새 주인이신 하나님의 명령에 순복하고 하나님의 뜻을 받들어 살아야 한다. 그리고 새 주인이신 하나님께서 우리를 세상의 빛과 소금이 되라고 명령하셨으므로 그 명령에 따라서 세상의 빛과 소금으로 살아야 한다.

또한 나의 주인을 마귀에서 하나님으로 바꿨으므로 이제는 마귀처럼 사는 것이 아니라 하나님의 자녀로서 거룩한 백성으로서 예수님을 본받으며 살아야 한다. 그런데 하나님적으로 살지 못하고 여전히 마귀처럼 산다면 그것은 그 주인이 확실히 바뀌지 않았다는 증거가 아닐까?

그러므로 내가 나의 주인을 마귀에서 하나님으로 바꿨는데도 실제로 나의 주인이 바뀌지 않았다면 나의 믿음은 헛믿음이요 건성 믿음일 뿐이다. 왜냐하면 내가 믿음을 통하여 예수님을 나의 새로운 주인으로 모셨으면 새 주인인 예수님께서 실제 성령님으로 내 심령 속에 들어오셔야 한다.

그러나 이때 새로운 주인이신 예수님께서 성령님으로 내 속에 들어오시느냐 아니냐는 내 마음에 달린 문제가 아니고 전적으로 새로운 주인이신 예수님의 마음, 즉 내가 마련한 환경과 조건을 새 주인인 예수님께서 만족하느냐 아니하느냐에 달려있는 것이다.

마치 어느 잔치에 손님을 초청했을 때 손님이 그 잔치에 오고 안 오고는 초청자의 형편이 아니라 초청을 받은 이의 사정에 의하여 결정되는 이치와 같다.

따라서 예수님께서 나의 새 주인으로 내 속에 들어오시게 하기 위해서는 첫째 나의 의지의 발로에 의하여 나의 주인을 마귀에서 예수님으로 바꿔야겠다는 나의 확고한 결심과 각오가 있어야 한다. 둘째 회개와 영접을 통하여 나의 새 주인으로 모신 예수님의 뜻에 순종하며 살겠다는 나의 확고한 눈물의 맹세와 각오가 있어야 한다.

　그런데 오늘날 믿음의 현장에서 많은 신자들이 이런 과정과 절차를 거쳐 예수님을 그들의 새로운 주인으로 모셨으면 새로 모신 예수님께서 그들의 새 주인으로 그들의 심령 속에 자리를 잡고 실제 그들 속에 살아계셔야 하는 것이다.

　그런데 예수님을 그들의 주인으로 모셨다고 하는 그들의 마음속에서 아무리 예수님을 찾고 찾아도 그들 속에 마땅히 계셔야 할 예수님께서 어디로 가셨는지 거기에 계시지 않는다고 아우성을 치고 있다는 사실이다.

　그들이 예수님을 그들의 새 주인으로 모셨다고는 하지만 예수님께서 그들이 마련한 조건과 환경에 만족치 못하셨기 때문에 그들 심령 속에 들어오시고 싶어도 들어오실 수가 없었기 때문이다.

　이러한 이유 때문에 오늘날 기독교계가 숫자나 규모를 통한 외적 성장에는 엄청난 진척이 있었으나 내적으로는 오히려 마이너스 성장이라는 딜레마에 빠져 엄청난 신앙의 혼란을 초래하고만 것이다.

　그러므로 지금 교계가 당면하고 있는 과제는 전 교회들이 다시 기초신앙으로 돌아가서 교인들로 하여금 그들 속에 예수님을 성령으로 탄생시켜 그들의 주인을 마귀에서 확실히 하나님으로 바꾸어주는 작업이 절실히 요구되고 있는 것이다.

(Ⅱ) 믿음과 인정(Faith & Acceptation)

"내가 하나님을 사랑합니다" 라고 말할 때에 하나님께서 하나님을 향한 나의 사랑을 받아들이지 않으시면 내가 나 혼자서 짝사랑만 하고 있는 것이다. 짝사랑도 사랑은 사랑이다. 그러나 그것은 완전한 사랑이 아니고 반쪽사랑이다. 왜냐하면 완전한 사랑은 서로가 서로를 인정하는 사랑이어야 하기 때문이다.

마찬가지로, "내가 하나님을 믿습니다" 라고 말할 때에 하나님께서 하나님을 향한 나의 믿음을 인정해 주시지 않으면 나는 나 혼자의 일방적인 반쪽 믿음만을 소유하고 있는 것이다. 이때에 나의 믿음은 건성 믿음이고 사랑으로 치면 짝사랑에 불과한 것이다.

이와 같이 우리가 하나님을 아는 것에도 '공적으로 하나님을 아는 것' 과 '사적으로 하나님을 아는 것' 의 두 가지가 있다. 이 경우 공적으로만 하나님을 아는 것은 진실로 하나님을 아는 것이 아니다. 왜냐하면 예수님과 우리와의 관계는 결혼계약에 바탕을 두고 있으므로 내가 하나님을 안다고 말할 때는 하나님께서도 직접 나를 알아주셔야만 진실로 내가 하나님을 아는 것이 되기 때문이다.

　그래서 갈라디아서 4:8-9은 "그러나 너희가 그때에는 하나님을 알지 못하여 본질상 하나님이 아닌 자들에게 종노릇하였더니 이제는 너희가 하나님을 알뿐더러 하나님의 아신바 되었거늘 어찌하여 다시 약하고 천한 초등학문으로 돌아가서 다시 저희에게 종노릇하려 하느냐" 라고 적고 있고, 요한복음 10:14-15은 "나는 선한 목자라 내가 내 양을 알고 양도 나를 아는 것이 아버지께서 나를 알고 내가 아버지를 아는 것 같으니 나는 양을 위하여 목숨을 버리노라" 라고 적고 있으며, 고린도후서 5:11에는 "우리가 하나님 앞에 알리어졌고 또 너희의 양심에도 알리어졌기를 바라노라" 라고 적고 있는 것이다.

　믿음에서 이 내용을 충족시켜 주는 것이 바로 내 영이 하나님의 영으로 거듭나는 것이고, 이 거듭남이 나의 진실한 믿음에 대한 하나님의 보증이고 확인인 것이다.

　이 확인과 보증을 받은 믿음을 소유하기 위해서는 반드시 내가 실제로 나의 죄인됨과 내가 지은 죄를 통회하는 심정으로 회개하여 하나님으로부터 죄사함을 받고 성령을 선물로 받아야 한다.

　이 경우 회개는 내가 개심하고 하나님께 충성하겠다는 서약이고 맹세라면 하나님으로부터 이 서약과 맹세를 인정받고 나의 죄와 죄인됨을 용서받는 것이 죄사함이다. 이 확실한 사실에 대한 하나님의 보증과 확인이 바로 성령을 받는 것이다.

이 사실을 베드로는 "회개하고 죄사함을 받으라 그리하면 성령을 선물로 받으리라"고 하였고, 예수님께서는 이 과정의 체험을 "거듭나지 않으면 천국을 볼 수도 없고 물과 성령으로 나지 아니하면 천국에 들어갈 수 없다"고 못 박고 계시는 것이다. 따라서 "누구든지 그 속에 그리스도의 영이 없으면 그리스도의 사람이 아니기" 때문에 진실한 믿음은 바로 회개를 통하여 예수님 피로 죄씻음 받은 내 심령 속에 예수님께서 성령으로 내주하셔서 나의 새 주인으로 자리를 잡고 내 삶을 주관하시고 인도하시는 뜻에 순종하는 삶을 사는 것이다.

그리고 그것을 통하여 나의 옛 생각, 옛 행위, 옛 삶, 옛 성품이 예수님의 거룩한 생각과 행위와 삶과 성품을 닮아서 천국에 합당한 새 사람이 될 때라야 비로소 하나님으로부터 인정받는 참되고 진실한 믿음이 될 수 있는 것이다.

(Ⅲ) 믿음과 변화(Faith & Transformation)

오늘날 세계에서 가장 큰 교회 열 개 중 일곱 개가 한국에 있다고 한다.

가톨릭을 포함하여 전체 인구 당 하나님을 믿는 신자의 비율
이 근 3:1로 나라 안 어디를 가나 거리마다 골목마다 많은 교회
와 교인과 십자가로 넘치고 넘친다.

그런데 그럼에도 불구하고 반사회적이고 반국가적인 타락상
과 부패상이 망국적 위험수위를 넘어 바야흐로 총채부정공화국,
총채부패공화국, 총채뇌물공화국, 총채신용불량공화국, 총채자살
공화국, 총채매춘공화국이라는 어마어마한 별명들을 얻고 있는
대한민국의 현실이 너무나 아이러니하고 안타까운 현상이라 아
니할 수 없다.

국민 중에 예수를 믿는 사람들이 이렇게 많은데도 왜 이런
안타까운 현상이 일어나고 있는 것일까? 그 이유가 도대체 무엇
일가?

그것은 두말할 것도 없이 예수를 믿는 자들이 올바르게 믿지
않고 형식적이고 건성으로 믿고 있기 때문이다. 앞에서 우리는
믿음을 마귀에서 하나님으로 그 주인을 바꾸는 작업이라 했다.
우리는 이전 주인 마귀를 버리고 하나님을 새 주인으로 모신 자,
즉 이전의 마귀의 종에서 하나님의 종이 된 사람들이다. 좋은 주
인을 모시는 존재이고 주인의 뜻에 따라 죽고 사는 자들이다.

그러므로 옛 주인인 마귀에서 예수님으로 그 주인을 바꿨다
면 나의 옛 생각, 옛 행위, 옛 삶도 반드시 이전의 마귀적이었던

국민 중에 예수를 믿는 사람들이 이렇게 많은데도 왜 이런 안타까운 현상이 일어나고 있는 것일까? 그 이유가 도대체 무엇일까?
그것은 두말할 것도 없이 예수를 믿는 자들이 올바르게 믿지 않고 형식적이고 건성으로 믿고 있기 때문이다. 앞에서 우리는 믿음을 마귀에서 하나님으로 그 주인을 바꾸는 작업이라 했다.

것에서 새 주인이신 예수님의 뜻에 따라 함께 변해야 한다. 이전에 마귀를 따르던 자에서 이제 예수님을 믿고 예수님의 사람이 되었으면 반드시 예수님의 뜻을 따라 예수님을 닮아가는 변화가 그 생각과 행위와 삶에 그대로 나타나야 한다.

그러나 많은 신자들이 교회를 다니며 예수님을 믿고는 있으나 그들에게 예수님을 닮아가는 변화가 따르지 않고 오히려 불신자와 진배없는 세속적이고 마귀적인 삶을 그대로 지속하고 있기 때문이다.

이 세상에서도 어떤 기업체의 사장이 바뀌면 하루아침에 그 회사의 분위기가 쇄신되듯 예수님께서 우리의 새 주인이 되시면 그 즉시 우리 주위의 모든 것들에 새로운 변화가 일기 시작한다. 왜냐하면 내 속에 하나님의 생명이 있으면 그 하나님의 생명의 특성이 금방 나를 통하여 외부로 표출되기 때문이다.

그러므로 십년, 이십년을 교회에 다니면서 예수님을 믿고 있오늘날 기독교가 물질주의와 형식주의에 빠져 자체정화 능력을 잃고 허우적거리는 것은 바로 이러한 예수님을 닮아가는 진정한 변화가 수반되지 않고 있기 때문이다. 우리가 진실로 하나님의 생명으로 거듭나서 예수님의 성품이 내 속에 있다면 세속주의나 물량주의에 빠지라 해도 빠질 수 없으며 눈 가리고 아옹 하는 식의 마귀적인 삶은 절대로 살수 없는 것이다.

음에도 불구하고 예수님을 닮아가는 변화가 없고 매양 제자리걸음만 하고 있다면 나의 옛 주인인 마귀에서 새 주인인 예수님으로 그 소속을 바꿨다고 하면서도 실제로는 그 주인이 바뀌지 않았기 때문이다. 그렇다면 그 믿음은 건성믿음이나 헛믿음일 수밖에 없는 것이다.

내가 믿음을 통하여 마귀에서 예수님으로 주인을 바꾸면 예수님께서 성령님으로 내 속에 들어오셔서 좌정하시게 된다. 왜냐하면 나는 이미 죄로 죽어 아무 것도 할수 없는 무능한 존재가 되었고 그 속에 예수님의 영이 없으면 예수님의 사람이 아니기 때문이다. 그러므로 이제 내가 할수 있는 일이라고는 오직 내 속에 좌정하신 나의 새 주인이신 예수님의 뜻에 순종하는 일 밖에는 없는 것이다.

그리고 이 순종의 삶을 통하여 비로소 내가 하나님께서 요구하시는 성도의 삶을 살고 이 거룩한 성도의 삶을 통하여 예수님의 거룩한 성품을 닮아가는 것이다. 앞에서도 언급했지만 이를 성화라 하는데 이 성화를 통하여 예수님의 거룩한 성품을 닮아가야 하는 이유는 바로 예수님께서 천국백성의 표본이시기 때문이다.

그래서 이 성화를 통하여 예수님의 성품을 가진 자만이 천국백성이 되는 것이다. 그런 까닭에 부활 때도 우리는 예수님과 같은 형체로 부활하는 것이다.

따라서 내 속에 사시는 성령님의 인도에 의하여 예수님을 닮아가는 성화의 삶을 살 때에라야 비로소 1)우리의 성품이 바뀌고 2)우리의 인생이 바뀌고 3)우리의 생의 가치관이 바뀌어 기독인으로서의 진정한 변화가 수반되는 것이다.

그리고 이런 변화는 단지 눈 가리고 아옹 하는 식의 지식적이고 형식적이며 관념적인 변화가 아니고 경험적이며 실제적이고 사실적인 변화인 것이다.

오늘날 기독교가 물질주의와 형식주의에 빠져 자체정화능력을 잃고 허우적거리는 것은 바로 이러한 예수님을 닮아가는 진정한 변화가 수반되지 않고 있기 때문이다. 우리가 진실로 하나님의 생명으로 거듭나서 예수님의 성품이 내 속에 있다면 세속주의나 물량주의에 빠지라 해도 빠질 수 없으며 눈 가리고 아옹 하는 식의 마귀적인 삶은 절대로 살수 없는 것이다.

왜냐하면 우리의 양심이 예민해져서 성령님의 찔림을 견뎌낼 수 없기 때문이다.

그러므로 만일 우리가 형식주의에 빠져 믿는 흉내나 내고 있다면 우리에게 무슨 성령님의 찔림이 있겠으며 화인 맞은 심령이 어찌 예수님의 질책과 책망을 감지할 수 있겠으며 예수님이 없는 자에게 어찌 예수님의 거룩한 성품을 닮아가는 거룩한 변화가 수반될 수 있겠는가!

지도자는 외롭다

　　지도자들은 고독하고 외롭다. 예수님도 　"왜 나를 버리시나이까?"　라고 하셨는데 전도자들이나 교회지도자들이 어찌 아픔이 없겠으며 어찌 힘든 일이 없겠는가! 안일한 평신도들이 강단 뒤의 고민과 고통을 감히 상상인들 할수 있겠는가?

　　나를 포함하여 전도인들은 그 나름대로 전도할 때 밀려드는 고독도 있고, 남모르는 고통도 있고, 말로는 표현될 수 없는 아픔도 있다. 아마도 교회지도자들이 다 같이 느끼는 고통이고 많은 전도자들의 공통된 고민일 수도 있다.

　　육체적인 어려움과 힘든 일은 그렇다 치더라도 때로는 하나님이 함께하시지 않고 고아와 같이 버려졌다고 느껴질 때도 있어 영적으로 고독하고 추울 때도 있다. 동료들이 힘을 보태기는커녕 오해가 생겨 적군처럼 느껴질 때도 있다.

　　어쨌거나 그래도 자기 자신의 늪과 환경을 누르고 일어서서 십자가 밑에 엎드려야 하는 하나님의 종들은 그래서 하나님의 직접적인 터치가 필요하다.

"내가 너를 사랑한다, 아들아!"

"내가 너를 믿는다, 내 딸아!"

"너를 위하여 면류관이 예비되었다, 아들아!"

음성으로, 말씀으로, 꿈으로, 환상으로… 하나님의 위로와 격려가 마음을 감싸 안아주셔야 살 수 있다. 그래서 전도자들은 하나님을 바라고 아파도 울지 않는다.

전도인들은 하나님께서 직접 골라 세우시고 간섭하시고 직접 마음을 만져주신다. 그들은 매번 그걸 체험하고 산다. 그리고 그거 때문에 다시 새 힘을 얻고 다시 일어설 수도 있는 것이다.

작년 9월, 제자훈련의 대가 옥한음 목사님을 하늘나라로 보내고 마음이 아프고 힘든데 그 슬픔이 채 가시지도 않았는데, 엊그제 그간 선교에 온몸을 불사르시던 하용조 목사님을 잃는 슬픔을 또 맞다니… 실로 그분들은 한국 교계에 큰 별들이셨다. 우리는 아직 보내드릴 준비가 되지 않았는데 정말로 참으로 슬프고, 아쉽고, 안타깝다.

나는 생각해본다. 아직 선교에 반짝거리며 눈이 떠지지 않았던 우리나라 믿음의 텃밭에 선교의 불을 지피시며 몸소 불쏘시기가 되어 타 버리시기까지 얼마나 어렵고 힘든 일이 많았을까?

한국 성도들이 왕왕거리며 여기저기 부흥회에 몰려다니던 시절에 성도는 모름지기 말씀이 튼튼히 가슴에 자리 잡고 있어야 흔들리지 않고 요동치지 않는 믿음을 소유할 수 있다며 꿋꿋이 성경공부를 체계화시키고 궤도에 올려놓기까지 얼마나 외롭고 고독하셨을까?

　　그렇다. 그래서 그 길은 아무나 갈수 없는 가시밭길, 십자가의 길이라 하잖는가! 그래서 그 두 분 목사님을 보내드린 우리 성도들은 더 마음이 아픈 것이다.

　　나 또한 평신도로서 20여 년째 전도인의 길을 걷고 있으니 그분들의 열정도 이해하고 그분들의 고충도 잘 안다. 외롭고 고독하고 힘들었으리란 사실도 가슴 저리도록 알고 또 안다.

　　그런대도 어디 누구 하나 마음 열고 아픔과 어려움을 나눌 수 없는 쓸쓸함도 잘 안다. 그런데도 묵묵히 왜 그 길을 터벅터벅 걸어가야 하는지도 잘 안다.

　　이미 오래전 세상을 떠난 테레사수녀도 깊은 고뇌에 빠졌었다는 기사를 오래 전에 읽은 적이 있다. 우리가 잘 아는 대로 테레사수녀는 보통의 종교지도자들이 감히 함부로 흉내 낼 수 없는 희생과 봉사의 대명사 성녀였다. 그는 1948년부터 1997년 선종까지 무려 50여 년 동안 인도에서 빈민들의 성자로서 가난한 사람들을 도와왔다.

나를 포함하여 전도인들은 그 나름대로 전도할 때 밀려드는 고독도 있고, 남모르는 고통도 있고, 말로는 표현될 수 없는 아픔도 있다. 아마도 교회지도자들이 다 같이 느끼는 고통이고 많은 전도자들의 공통된 고민일 수도 있다.
육체적인 어려움과 힘든 일은 그렇다 치더라도 때로는 하나님이 함께하시지 않고 고아와 같이 버려졌다고 느껴질 때도 있어 영적으로 고독하고 추울 때도 있다. 동료들이 힘을 보태기는커녕 오해가 생겨 적군처럼 느껴질 때도 있다.

"나눔 없이 평화는 없습니다. 가난의 해결은 모두가 함께 나눌 때 가능합니다."

"배고픈 사람에게 밥 한 그릇 주는 것이나 집 없는 사람에게 잠자리를 제공해 주는 것은 쉽습니다. 그러나 버려짐, 애정결핍 등 영적인 탈진에서 오는 쓰라린 분노와 외로움을 없애주거나 그들을 위로하는 건 많은 사랑이 필요합니다."

테레사수녀는 늘 이렇게 외치면서 가난한 인도인들의 어머니로서 살았다. 그러면서도 정신적, 영적 외로움에 그의 사역의 초점을 맞췄다. 그래서인지 그녀는 자기 자신도 영적인 고독에 힘들었다는 고백을 해서 화제를 모으기도 했었다. 그렇다. 그도 여느 종들처럼 외롭고 고독하고 힘들었을 것이다.

그것은 그간 50년간의 봉사기간에 신부들에게 보낸 편지 40

여 편을 모아 엮은 책, '마더 테레사—나의 빛이 되어주소서'
에 잘 그려져 있었다. 거기에 그가 겪어왔던 내면의 고통, 갈등,
고뇌의 진상이 공개되어 세상에 알려졌다. 그 편지들은 시복을
위해 자료를 조사하는 과정에서 수집된 것이라는데 공감도 된다.
그러나 그중에 동의되지 않는 부분도 많다.

   "예수님은 당신을 특별히 사랑합니다. 하지만 제 경우는 침
묵과 공허가 너무 커서 예수님을 보려고 해도 보이지 않고 들으
려 해도 들리지 않고 기도하려고 혀를 움직여도 말이 나오지 않
습니다. 저를 위하여 기도해 주십시오."
   그의 정신적 동지인 미하일 반 데어 페트 신부에게 보낸 이
편지에서는 자기의 고충을 이렇게 토로했다는데 그의 인간적인
면에 공감이 간다. 우리도 어쩌다 느끼는 것이지만 하나님이 나
에게 응답을 안 주시고 계속 침묵하시는 것 같고, 기도도 제대로
안 나오고, 마치 예수님이 안 계시는 것 같이 공허하고 우울할 때
도 있으니까.

— 나의 영혼 속에 나는 잃어버림의 극한 아픔을 느끼고 있습니
다. 하나님은 나를 원치 않는 것 같습니다.
— 영혼의 구원은 제게 호소력이 없습니다. 천국도 아무 의미가

없습니다. 내가 이 모든 것에도 불구하고 주 앞에서 미소 지을 수
있도록 기도해 주십시오.

— 내가 누구를 위해 일하는가? 신이 없다면 영혼도 없는 것입니
다. 영혼이 없다면 예수도 없습니다.

— 나의 선교는 위선이고 내 미소는 가면이며 모든 것을 덮어 버
리는 망토입니다.

— 저에게 있어서 '하나님의 부재'는 저의 일생에 가장 부끄
러운 비밀입니다. 내 영혼에 왜 이렇게 많은 고통과 어둠이 있는
지 이야기 해 주십시오.

성녀인 테레사수녀의 이 표현은 무엇을 의미하는 걸까?

심지어는 그녀가 사랑과 용서의 힘을 설파하던 순간에도 그
녀의 내면에서는 느끼지 못하는 신의 존재에 대하여 괴로워했고
건조함, 어둠, 외로움, 고문이라는 말로 자신의 내면을 표현하고
있어 그간 힘들고 험했던 심경을 나타낸 것이리라 가히 짐작해본
다.

그래도 그런 심경이라니… 한편 참 놀랍다.

하지만 대개는 그 힘든 상황에서 외롭고 고독한 그의 마음을
종교지도자들은 이해하는 것 같다. 그러나 나는 적어도 우리 신
앙인들은, 참 지도자들은 그러면 안 된다는 생각이다.

우리는 우리의 신앙상태를 성경에 비추어서 가늠해볼 수 있어야 한다. 주먹구구식의 막연한 믿음이나 자기 노력과 열심 그리고 자기 공과에 의한 율법적 신앙은 안 된다는 생각이다.

우선은 정말로 성경에서 안내하고 있는 믿음의 체험단계를 철저히 거치고 성령의 인도를 받으면서 사역에 임해야 한다는 것이다. 그래서 전적으로 예수님의 공과로 말미암은 생명의 성령의 법에 의한 산 신앙에서 나온 은혜 가운데서 봉사해야 한다는 것. 그리고 내면의 고통과 괴로움, 갈등과 고뇌의 봉사활동이 아니라 행복과 평화, 기쁨과 즐거움의 봉사와 사명을 다해야 한다고 생각한다.

그런 의미에서 내 생각으로는 테레사수녀의 신앙이 가톨릭교회의 근원교리에 뿌리를 두고 있었기 때문에 갈등이 있었다는 생각이 든다.

개신교에서는 죄인인 내가 구원받기 위해서는 내가 이 세상에 태어날 때부터 죄인이라는 사실을 깨닫고 내 스스로가 회개를 통하여 하나님 앞에 직접 나가서 나의 죄인됨과 내가 지은 죄를 용서받고 내 마음이 하나님의 마음(생명)으로 다시 태어남으로써 내 마음이 하나님과 동시에 천국백성의 마음인 심령천국이요 영원한 안식인이 되는 것이다.

그러나 반면, 가톨릭에서는 개신교에서와 같이 나의 개인적인 회개와 죄사함을 통하여 내 마음이 하나님과 천국백성의 마음으로 거듭남으로써 하나님과의 직접적인 관계정립을 통하여 받는 구원이 아니라, 하나님이 아닌 또한 다른 인간인 신부에게 고해성사를 함으로써 나의 마음이 하나님과 천국백성의 마음으로 다시 태어나는 것과는 상관없이, 내가 교회의 행사에 직접 참여했다는 그 사실로 교회가 구원을 받을 때 그 소속의 일원인 나도 그 교회와 함께 구원을 받게 되어 있는 것이다.

그러므로 결국은 내 마음이 심령천국이나 영혼의 안식의 상태로서 구원을 받는 것이 아니라, 내가 교회의 행사에 직접 참여함으로써 나의 열심과 행위를 통하여 내가 무엇을 함으로써 얻는 나의 공과로 구원을 추구하는 관계, 결국은 율법 신앙에 빠지게 되는 결과를 초래하게 된다고 본다.

바로 테레사수녀는 이러한 가톨릭교회의 비성경적인 구원교리의 희생자가 아닌가 보여 지는 것이다. 그리고 이러한 율법신앙에 매이는 문제는 비단 테레사수녀 혼자에게만 국한되는 문제가 아니라 오늘날 교회를 다니면서 예수를 믿고 있는 사람들의 50%~ 90%에 해당하는 심각한 문제라고 많은 세계적인 전도인들이나 목사들이 주장하는 내용이다.

이를 계기로 우리는 우리의 참신앙을 다시 한 번 뒤돌아보는 동기가 되었으면 하는 바람이다.

우선은 정말로 성경에서 안내하고 있는 믿음의 체험단
계를 철저히 거치고 성령의 인도를 받으면서 사역에 임
해야 한다는 것이다. 그래서 전적으로 예수님의 공과로
말미암은 생명의 성령의 법에 의한 산 신앙에서 나온 은
혜 가운데서 봉사해야 한다는 것. 그리고 내면의 고통과
괴로움, 갈등과 고뇌의 봉사활동이 아니라 행복과 평화,
기쁨과 즐거움의 봉사와 사명을 다해야 한다고 생각한
다.

이런 점에서 50년간 40여 통의 서신을 통하여 보여준 테레
사수녀의 신앙고백은 한편으로는 우리에게 대단한 실망감과 허탈
감을 안겨다주는 사건이 되겠으나, 다른 한편으로는 오히려 우리
로 하여금 진실 되고 양심적인 신앙이 어떤 신앙이어야 하며, 이
를 위하여 우리가 어떤 고민을 해야 할 것인가를 다시 한 번 더
뒤돌아보게 하는 계기를 부여해 준다는 점에서는 그 의의가 매우
크다고 생각한다.

물론, 노르웨이 오슬로에서 노벨평화상을 수상하는 시상식
장에서 테레사수녀는 "예수는 모든 곳에 있습니다. 우리 마음
에도, 우리가 만나는 가난한 사람들에게도, 우리가 주고받는 미
소 속에도 있습니다" 라고 연설한 것이 그의 전형적인 모습이
라 믿고 싶다.

하여튼 우리는 또다시 참된 신앙의 궁극적 가치와 보람이 무

> 그러므로 결국은 내 마음이 심령천국이나 영혼의 안식의 상태로서 구원을 받는 것이 아니라, 내가 교회의 행사에 직접 참여함으로써 나의 열심과 행위를 통하여 내가 무엇을 함으로써 얻는 나의 공과로 구원을 추구하는 관계, 결국은 율법 신앙에 빠지게 되는 결과를 초래하게 된다고 본다.
> 바로 테레사수녀는 이러한 가톨릭교회의 비성경적인 구원교리의 희생자가 아닌가 보여 지는 것이다.

엇인가를 다시 한 번 뒤돌아봐야 한다. 참된 신앙의 가치와 보람은 첫째는 내세적 구원으로 죽어 저 천국에 갔을 때의 영생구원이요, 둘째는 현세적 구원으로 지금 현재 이 시점에서 그 영혼이 어떤 상태에 있느냐 하는 것이다.

왜냐하면 내세구원은 현재구원의 연장이며 그 결과이기 때문이다. 현재에 구원을 받지 못하고 죽는 자에게는 결코 내세구원이 있을 수 없기 때문이다. 따라서 우리에게는 육체로 있는 현재가 유일한 구원의 기회인 것이다.

그러므로 지금 현재에 그 마음속에 평화, 만족, 자유, 기쁨, 행복, 안정 등의 천국백성의 속성이 나타나지 않고 있다면 지금 아무리 힘들고 피나는 봉사와 헌신을 할지라도 그 신앙은 아직 성숙되고 참된 신앙일 수 없는 것이다.

왜냐하면 참된 신앙의 현주소는 지금의 내 영혼의 상태가 죽어 하늘나라에 갔을 때의 천국나라에 합당한 영혼의 상태가 되어 있느냐 아니냐에 달려 있기 때문이다.

그러면 천국에 합당한 영혼은 어떤 영혼일까?

그 영혼이 천국에 합당한 영혼이 되기 위해서는 지금 현재에 그 영혼이 하나님의 영으로 거듭나야 한다. 그 영혼이 하나님의 영으로 거듭난 자를 새로운 피조물이라 하거니와 새로운 피조물이 되면 대체로 다음과 같은 피조물로서의 특성이 나타난다고 할 수 있다.

• 주위 여건이나 환경 변화에 상관없이 언제나 변하지 않은 마음 속의 평안을 가진다.
• 불안, 초조, 공포, 긴장, 불면증, 심장통증 등과 같은 심적 고통과 육체적 고통이 사라진다.
• 새로운 생명의 기쁨을 누리고 살게 된다.
• 현재 가지고 있는 것과 처해있는 상태로 만족하는 마음이 생긴다.
• 하나님 안에서 그만큼 자유로운 자가 된다.
• 세상 탐욕에서 벗어나게 된다. 즉 세상 것들은 아무리 좋은 것일지라도 다 불에 타 없어질 것으로만 보인다.
• 어떤 고난도 참고 넘길 수 있는 자신감과 인내심이 생긴다.

- 억울한 일과 손해 보는 일을 당해도 먼저 하나님을 바라보고 분을 참아 넘길 수 있을 정도로 온유해진다.
- 의를 위한 일에는 담대해진다.
- 하나님의 말씀이 나와 상관이 되고, 쉽게 이해가 되며 마치도 꿀송이를 빠는 것과 같은 갈급하고 단맛을 느끼게 된다.
- 하늘나라에 대한 소속감이 분명해진다.
- 남의 잘못을 쉽게 용서하게 된다.
- 하나님이 나의 아버지라는 사실이 저절로 믿어진다.
- 죄를 짓고 싶어 하는 생각이 없어진다.
- 죽음에 대한 공포가 사라진다.
- 하루 24시간 내내 저절로 하나님 생각만 하게 된다. 그래서 항상 기뻐하라, 끊임없이 기도하라, 범사에 감사하라는 하나님의 뜻이 저절로 실천된다.
- 저절로 예수님을 증거하고 싶은 마음이 생기므로 자발적인 전도를 하게 된다.
- 마음속에 구원의 확신 즉 지금 당장 죽어도 틀림없이 내 영혼이 천국에 간다는 자신감이 온다.
- 어떻게 하면 하나님을 기쁘게 할수 있을까? 어떻게 하면 한 영혼이라도 더 구원시킬 수 있을까 하는 생각만 하게 된다.

성도의 내면은 모름지기 영혼의 건조함이나 어두움이나 외로움에 의한 고통이 아니라 의와 평강과 희락과, 자유와, 만족과, 기쁨과 즐거움과 행복과 여유 등으로 표현되는 심령천국과 영혼의 안식인 것이다.

아주 오래 전, 빌리 그레이엄 목사님의 메시지 '당신은 고독하십니까'라는 글을 읽은 일이 있었다. 그레이엄 목사님은 그 속에 하나님이 없는 사람은 사람들 속에서도 고독과 외로움을 느끼지만, 그 속에 하나님이 있는 사람은 하나님께서 그와 함께하여 주심으로 혼자 있어도 외로움이나 고독이 발붙일 틈이 없다고 가르치셨다.

나는 이곳 시골에서 몇 년간을 혼자 지내면서 이 사실을 실제로 경험한 바 있고 지금도 경험하고 있어 그 메시지에 공감한다.

누구나 신앙 초기단계이거나 의심과 의문의 신앙단계이거나 또는 실제로 하나님을 만났거나 하나님의 존재를 경험한 것이 아니라 단순히 지식과 관념으로 하나님의 존재를 인식한 것이라면 불평과 불만, 의심과 의문을 통하여 내면의 고통에 사로잡힐 수밖에 없다.

사도 베드로는 "누구든지 회개하여 각각 그리스도의 이름으로 세례를 받고 죄사함을 얻으라 그리하면 성령을 선물로 받으

리니" 하였고 또 예수님께서는 천국 가는 조건은 요한복음 3:3
과 5의 체험과정을 통하여 "하나님 앞에서의 합당한 회개와 영
접과 기도로써 하나님으로부터 죄사함을 받으라" 하셨다.

성령으로 거듭남으로써 의심과 의문의 신앙단계와 지식과 관
념으로 하나님을 아는 단계를 극복하고 실제 경험과 체험으로 하
나님을 만나는 신앙단계를 경험하면 영혼의 해방을 만끽하면서
자유롭고, 행복하고, 기쁘고, 즐겁고, 은혜 충만한 봉사의 삶을
살 수 있으리라 믿는 것이다.

예수 좀 믿어봐라, 이 바보 멍청이 얼간아!

인간의 힘으로는 도저히 해결할 수 없는 인생의 막다른 골목까지 몰려 남모르는 고민과 고통과 수모와 좌절로 죽음의 문턱까지 다다랐다.

그런데 음침한 골짜기를 헤매고 다니다가 오직 하늘 문만이 열려 있음을 발견하고 그곳으로 탈출했다. 그런데 거기가 바로 나의 구원의 뿔이시오, 방패시오, 환난의 피난처시며, 또 나를 이 세상에 보내신 바로 나의 영혼의 주인이시고 동시에 하늘나라와 이 온 세상 만유의 왕이시며 전지전능하시고 무소부재하신 영광의 주 하나님 우리 아버지의 품속이었다.

이를 계기로 나는 여태까지 그저 귀로 듣기만 하고 관념상으로만 인식하고 있었던 하나님을 현재의 사실로 직접 내 눈으로 보는 하나님으로 모시게 되었다. 이 이후 그분 안에서 그분의 구원과 도움으로 이 세상에서 다시 떳떳이 사람구실을 하고 살 수 있게 되었다.

　더욱이 그분의 생명의 씨앗을 받아 내 영혼이 거듭남으로써 그분 안에서 새로운 피조물로서의 제2인생의 새로운 삶을 맞이하게 되었던 것이다.

　그리하여 여태까지는 오직 눈으로만 직접 보는 세계(Visible World), 즉 괴롭고 힘들고 모순에 쌓인 한쪽 세상인 이 현실세계만 보고 살아왔었으나 이제는 하나님의 자녀로 거듭나지 않고는 눈이 있어도 보지 못하고 귀가 있어도 듣지 못하는 또한 다른 한쪽 세상인 보이지 않는 세계(Invisible World), 즉 믿음의 세계를 동시에 보고 살 수 있게 되었던 것이다.

　그간 반세기가 넘은 내 인생을 살아오면서 나는 내가 어디서 왔으며 내 영혼의 주인이 누구며, 누구를 위하여 살아야 하며, 이 육체의 장막을 벗는 날에는 무슨 일이 일어나는가, 또한 어떻게 살아야 인생을 잘 살고 바르게 사는 것인가 등에 관한 내 인생의 의미나 가치관에 대해서는 전혀 무관심한 체 그저 내 육체적 소욕을 따라 이것저것 닥치는 대로 살았었다. 단지 그때 그때의 내 욕심만 채우고 만족하면 그것이 인생살이가 다 인줄로만 알고 그저 바쁘기만 한 나날들을 그런 식으로 지내왔었다.

　그러나 내 육체적 존재가 영원한 파국을 피할 수 없을 정도로 뜻하지 않았던 환난과 고난들이 한꺼번에 꼬리에서 꼬리를 물

고 줄줄이 밀어 닥쳐왔을 때, 이 최후 난국을 타개하고 다시 살아
남기 위하여 나는 내가 그간 나의 온갖 인간적인 지혜와 지식과
능력을 다 짜내고 동원하여 별의 별짓을 해봤으나 도저히 뚫고나
갈 방도를 찾을 수 없었던 것이다.

급기야 출구도 없는 최후 막다른 골목까지 몰려 이제는 이러
지도 저러지도 못하여 여태까지 그렇게도 못 믿겠다고 버티며 부
인하고 외면하고 모른 체만 해왔던 하나님 아버지께 그간 기를
쓰고 이리 뛰고 저리 뛰면서 그렇게도 귀중하고 소중한 것으로
보존하겠다고 몸부림치며 지켜오던 나의 목숨마저 내어놓고 울부
짖었다.

"하나님, 아버지, 살려 주십시오, 자살을 해서라도 버려야
할 목숨입니다. 이제는 더 버틸 여력이 없습니다. 하나님께서 내
목숨을 달라면 드리겠습니다. 죽으라면 죽겠습니다"

모든 체면, 염치, 싹 쓸어버리고 오직 살기 위하여 하나님께
매달리지 않으면 안 되었던 것이었다.

그간 이 몸부림 속에서 허덕이던 나의 일거수일투족을 처음
부터 조용히 지켜보고 계셨던 살아계시는 하나님께서는 사람이면
누구나 다 제일 소중히 여기는 목숨까지도 내어놓고 살고자 몸부
림치는 나의 항복이 거짓이 아니고 진실임을 보셨던 것 같다.

드디어 나를 크게 회개시켜 예수님의 피로 깨끗케 하시고, 성

령의 보증으로 인을 쳐서 자녀로 후사가 되게 하신 후, 거룩하시고 위대하신 당신의 품속에서 모든 염려를 잊고 오직 하늘나라에 소망만을 기업으로 갖고 당신의 생명인 영생으로 영원히 영원히 살게 해주신 것이다.

여기까지 오는 과정을 거치는 몸부림 속에서 나는 지식으로도 전혀 몰랐었고 기대도 전혀 하지 않았던 하나님의 크신 비밀들을 다음에 열거하는 바와 같이 직접 체험함으로써 예수 믿는 가치와 그 중요성을 확실히 인식할 수 있게 되었던 것이다.

첫째, 하나님의 은혜로 구원받고 영생 얻어 자녀 된 자 누구에게나 반드시 그 증표로 주시는 구원의 확인도장이며 은혜의 선물인 성령으로 인침을 받았으니, 나는 이제 저 세상뿐 아니라 이 세상에서도 운수 대통하는 횡재 중에서도 엄청난 횡재를 함으로 이 세상 팔자뿐 아니라 저 세상 팔자까지도 영원히 고쳐 놓게 되었던 것이다. 그러므로 이 세상에서부터 하늘나라까지의 특급 무임승차권을 확보할 수 있게 되었다.

둘째, 여태까지의 나의 인생살이가 잘못된 목표, 즉 영원한 생명인 천국이 아니고 영원한 죽음과 멸망인 지옥을 향해 달리고 있었던 사실을 미처 깨닫지 못하고 있었던 내가 드디어 진실한 자녀로 만들기 위하여 사랑의 징계로 사용하시는 하나님의 인생

급기야 출구도 없는 최후 막다른 골목까지 몰려 이제는
이러지도 저러지도 못하여 여태까지 그렇게도 못 믿겠
다고 버티며 부인하고 외면하고 모른 체만 해왔던 하나
님 아버지께 그간 기를 쓰고 이리 뛰고 저리 뛰면서 그
렇게도 귀중하고 소중한 것으로 보존하겠다고 몸부림치
며 지켜오던 나의 목숨마저 내어놓고 울부짖었다.

막대기에 사정없이 두들겨 맞고 비로소 지옥 목표에서 천국 목표
를 향한 정상적인 궤도를 달리는 사람이 되었다는 것이다.

　　셋째, 비로소 나의 영원한 주인과 내 영혼의 영원한 안식처
를 찾았다는 것이다. 또한 찾고 보니 나의 영원한 주인은 보통 주
인이 아니시고 내 영혼의 영원한 안식처인 천국의 왕이실 뿐 아
니라 이 온 우주와 그 안에 있는 삼라만상의 주인이시고 또 복이
라는 복은 다 가지고 계시는 복의 근원이시오, 무슨 문제든지 다
해결하시는 전지전능하시고 무소부재하신 영광의 주 우리 하나님
아버지였다는 것이다.

　　넷째, 생명으로 내 속에 들어오셔서 죽었던 내 영혼을 살리
시고 내 속에 영원히 계시면서 내 삶의 모든 문제들을 다 해결해
주시고 또 필요한 것도 다 더하여 주시는 살아계시는 하나님으로
부터 나의 천국여행길을 직접 안내 받으며 살 수 있게 되었다는
것이다.

다섯째, 겉으로 보기에는 옛날에 나나 지금의 내가 꼭 같아 보이지만 옛날의 나는 불안, 초조, 공포, 긴장, 시기, 질투, 분쟁, 돈, 명예, 권력욕, 죽음의 공포, 출세욕, 불면증, 심장통증, 위장병 등으로 마귀에 사로잡힌 자였으나 이제는 평안, 만족, 기쁨, 온유, 자유, 친절, 행복, 인내 , 이해, 사랑, 용서, 양보, 화합, 겸손, 감사, 건강, 훈기, 눈물, 등 하나님의 속성들로 꽉 차 있어서 세상 것들은 아무리 좋은 것을 보아도 아무 부러운 것이 없게 되었으며 언제나 기쁘고 즐겁고 감사하고 부족함이 없는 신나는 하나님의 세상에서 살게 되었다는 것이다.

여섯째, 내 마음속에 심령 천국을 소유하고 살 수 있게 되었다는 것이다. 즉 하나님께서 내 속에 들어오실 때 하나님의 천국 보좌와 천국나라와 그 모든 권세도 다 함께 내 속에 옮겨 주심으로써 내 마음 바탕이 이전의 마귀에서 하나님의 마음바탕으로 바뀌었다는 것이다.

일곱째, 이러한 새로운 변화는 나의 인위적인 노력을 통한 수양이나 또는 조만간 썩어 없어질 돈, 명예, 권력 등 이 세상 것들에서 연유한 것이 아니고, 오직 하나님의 생명 즉 성령께서 내 속에 들어오심으로써 여태까지 나를 사로잡고 있었던 모든 흑암세력이 다 물러가고 대신에 하나님의 생명과 빛의 권세가 나의 속사람을 하나님의 속성으로 변화시켜 주셨기 때문이었다.

이상의 사실들을 통하여 이제 하나님의 자녀로 인침 받고 내 속에 심령천국을 소유하여 간직한 나는 그간 하나님을 모르고 허송세월을 살았던 내 청춘 시절을 얼마나 얼마나 눈물로 후회했는지 모른다. 그래서 몇 년간은 모든 세상적인 일을 옆으로 밀쳐놓고 갈급한 내 영의 양식을 공급받고자 완전히 성경 속에 들어가서 하나님 아버지와 그 아들 예수님과 그분들의 영이신 성령께서 어떤 분이시며 어떠한 사역을 하시는지를 알고자 죽자 살자 말씀에 매달렸다.

그 결과 지금 아무 거리낌 없이 감히 이 글로써 나의 진정한 믿음을 고백할 수 있게 되었던 것이다.

내가 미친 듯이 성경만 읽고 있었던 그 동안에도 성령의 보증으로 인 치신 자녀들을 책임지시는 하나님께서는 나에게도 예외 없이 철저히 보살펴주셨다. 그 관계로 그간 내가 내 힘에 의지했더라면 밤낮 죽자 살자 뛰어도 도저히 감당하지 못할 부채 등 모든 물질적 손해도 다 회복시켜 주셨을 뿐만 아니라 이 시험의 고난을 당하기 전보다 몇 배 더 우리 가정의 재무구조도 탄탄한 장기적 안정 기반 위에 올려놓아 주셨던 것이다.

또한 그간 망가졌던 건강도 다시 회복시켜 주시고 또 완전히 깨어져 산산조각이 났던 가정도 다시 사랑의 띠로 엮어 주셨다. 이리하여 하나님께서는 "그 나라와 그 의를 먼저 구하라. 그리하면 필요한 모든 것을 더 하시리라"고 하신 그분의 약속을 확실히 지켜 주셨음은 물론, 나를 영생의 선물인 성령으로 인 치셔서 언제 죽어도 아무 걱정이 없도록 죽음의 공포에서도 완전 해방시켜 주셨으니 하나님의 구원은 저 세상에서 뿐만 아니라 이 세상에서도 확실히 존재하심을 여실히 증명해 주신 것이다.

그리하여 나는 이제 "예수를 믿자, 그리고 알고 믿자, 하나님은 누구에게나 다 당연히 필요하다, 하나님이 필요치 않다고 하는 자는 아직도 깨닫지 못한 자들이다, 우리는 적어도 나의 영원한 주인이 누군지는 알아야 한다, 이 세상 천지에 임자 없는 존재물은 절대로 존재하지 않으니 내가 내 자신의 주인이 될 수는 없는 것이고 믿는다는 말만하고 구원 받지 못하는 어정쩡한 믿음으로 예수 믿는 가치를 떨어뜨리지 말자, 아무리 죽도록 충성하여 아무리 열심히 섬겨도 절대 손해 볼일 없다" 고 크게 외쳐 보는 것이다.

나는 나 자신이 예전에 그러했듯이 죽어도 아직 예수를 믿지 못하겠다고 버티며 고집 피우고 있는 친구 귀에 대고 이제는 이렇게 조용히 속삭이고 싶다.

"예수 좀 믿어 봐라, 이 바보 멍청이 얼간아!"

예수님!
당신은 내 구주시옵니다!!

 – 책을 마무리하면서 내 70평생 살아온 간증글을 독자들과 나누고 싶어 간략하게 여기에 적습니다. 간증 전문은 'God first'라는 제목으로 이미 출간되어 각 서점에 있습니다. –

 사람들을 붙들고 '예수 믿어야 한다'고 열심히 전도하던 중 조용히 정신을 차리고 보니 꿈을 꾸고 있었던 것입니다. 낮이건 밤이건 만나는 사람마다 또 전화를 하거나 걸려오는 경우마다 대화 중 틈만 나면 예수 믿으라고 강요하다시피 하는 것이 어느 틈엔가 나에게 습관이 되고 말았습니다.

 그런데 조금 전에는 꿈속에서도 예수 믿으라고 전도를 하고 있었으니 나의 우연한 생각이 잠재의식으로 나타난 것인지, 아니면 내 속에 계시는 성령께서 전도에 게으르다고 핀잔을 주시는 것인지…

하여간 나는 지금 막 잠에서 깨어나서 말재주도 없고, 글재주도 없는 내가 어떻게 감히 하나님과 관계되는 글을 쓸 수가 있을까하고 망설이다가 나에게 베푸신 하나님의 은혜가 너무나도 풍성하고 또 그 풍성함이 내 그릇의 분량을 다 채우고도 남아넘치므로 이 넘치는 은혜를 신자, 불신자 가릴 것 없이 다 함께 나누어 보는 것이 그리스도의 지체로, 일꾼으로 또 하나님의 비밀을 간직한 자로, 마땅히 해야 할 일이 아닌가 하는 생각이 나로 하여금 이 글을 쓰지 않고는 배겨낼 수가 없게 하는 것입니다.

며칠 전에 우연히 라디오를 틀었더니 중년이 넘은 어느 미국 남자가 손에 권총을 들고 있다면서 "왠지 마음속이 텅 비고 인생이 허무하여 자살을 할까한다"면서 방송국 상담 의사에게 도움을 청하였는데 그 의사는 자기 전문분야가 아니라서 도움을 줄 수가 없으니 심리전문가에게 지금 당장 전화를 걸어 도움을 청하라고 부탁하는 강하고 급한 톤의 권유를 남기고 전화를 끊는 것이었습니다.

방송을 듣고 가만히 생각해 보니 오래 전부터 신문지상을 통하여 교포 이민자들뿐만 아니라 미국 사람들 중에서도 퍽 많은 사람들이 우울증에 시달리고 있고 그중에는 자살하는 사람들도 꽤 있다는 기사를 읽은 적이 기억났습니다.

또 독신생활을 하는 많은 미국인들이 고독을 이기지 못하여 마약, 알코올, 또는 니코틴 중독자가 되어 매년 상당한 숫자의 사람들이 희생되고 있다는 사실도 어느 유명한 목사님의 설교를 통하여 알았습니다. 또 몇몇 교포 노인들께서도 '인생무상' 또는 '죽음의 공포'에 대한 글들을 써서 인생살이의 허무함을 한탄하는 것도 지면을 통해 여러 번 보았습니다.

또 특히 우리 교포들 중에서는 '이민정신질환'이라 하여 이민생활에 적응하다 생긴 부작용 때문에 정신적으로, 심리적으로 고통을 받고 있는 경우를 누누이 보아왔습니다. 또 내가 잘 아는 어느 여성은 이민 온지 8년 째 남편도 없이 혼자 연약한 여자의 몸으로 딸을 셋이나 키우고 공부시키느라 밤도 낮도 일요일도 없이 죽자 살자 일만 해오고 있는데 고생고생 하면서 살고 있는 삶이 이제는 너무 억울해서 죽겠다는 것이었습니다.

무수한 예들이 얼마든지 있겠으나 이러한 사실들을 접할 때마다 나는 나 자신이 혼자 중얼거리는 버릇이 생겼습니다.

"병신들… 예수 믿지, 예수 믿어보지, 예수 믿으면 금방 나을 텐데…" 라고.

이러한 소리는 사실 나에게도 예수 믿고 풍성한 하나님의 은혜를 맛보기 전에는 티끌만큼도, 아니 아예 꿈속에서라도 있을 수 없는 소리였습니다. 그러나 예수님을 나의 개인적인 구주로 영접하고부터 나의 모든 삶을 통하여 진정으로 살아서 생생히 역

하여간 나는 지금 막 잠에서 깨어나서 말재주도 없고, 글재주도 없는 내가 어떻게 감히 하나님과 관계되는 글을 쓸 수가 있을까고 망설이다가 나에게 베푸신 하나님의 은혜가 너무나도 풍성하고 또 그 풍성함이 내 그릇의 분량을 다 채우고도 남아넘치므로 이 넘치는 은혜를 신자, 불신자 가릴 것 없이 다 함께 나누어 보는 것이 그리스도의 지체로, 일꾼으로 또 하나님의 비밀을 간직한 자로, 마땅히 해야 할 일이 아닌가 하는 생각이 나로 하여금 이 글을 쓰지 않고는 배겨낼 수가 없게 하는 것입니다.

사하시는 산 하나님을 직접 체험하고 난 후 비로소 내 입에서 저절로 흘러나오는 당연한 소리가 되었습니다.

이 사실은 바로 누구라도 하나님을 똑바로 영접하고 온전한 하나님의 자녀가 되어 하나님의 뜻에 합당한 성도의 삶을 살 때에 하나님께서는 자기 명예를 거시고, 자기 자녀 된 자들을 철저히 보호해 주신다는 사실을 알았기 때문입니다.

이러한 이유 때문에 나는 예수를 믿음으로 거듭나서 구원받고 부활하여 하늘나라 가는 것은 차치하고라도, 현재 매일의 나의 삶 속에서 나를 지켜주시고 돌봐주시는 하나님의 은혜에 대한 그 고마움과 감사함을 어떻게 표현해야 할지를 모르고 있습니다. 그러므로 사업에서나 가정에서나 또한 인간관계에 있어서 인간의 힘과 능력의 차원을 훨씬 넘어서서 사람의 힘으로는 도저히 해결할 수 없는 심각한 문제나 고민에 빠져 있는 분들과 또 앞에서 들은 예와 같은 고민과 고통에 빠져있는 분들은 조금도 두려워하거나 실망하지 마시길 부탁드립니다.

　다만 예수를 올바로 믿고 하나님을 경외함으로써 문제를 해결 받을 수 있다는 사실을 깨닫기만 하십시오. 그리하면 이런 것들이 다 행복한 고통이고 고민인 동시에 나에 대한 하나님의 계획된 사랑의 징계임을 깨닫게 될 것입니다. 왜냐하면 이러한 고통과 고민과 시련 없이는 진정으로 예수님을 만날 수 없고 하나님께서 나에게 가지고 계신 그 참뜻이 무언가를 도무지 깨달을 도리가 없기 때문입니다.

　하나님께서 주시는 마음의 기쁨과 행복, 평안과 자유, 만족과 여유 등은 모두 이러한 연단과정을 철저히 거치는 자들에게 값없이 주어지는 하나님의 일방적인 선물이기 때문입니다. 이 점에 관하여 성경은 히브리서 12장 5-13절에서 다음과 같이 적고 있습니다.

　"내 아들아 주의 징계하심을 경하게 여기지 말며 그에게 꾸지람을 받을 때에 낙심하지 말라 주께서 그 사랑하시는 자를 징계하시고 그의 받으시는 아들마다 채찍질하심이니라 하였으니 너희가 참음은 징계를 받기 위함이라 하나님이 아들과 같이 너희를 대우하시나니 어찌 아비가 징계하지 않는 아들이 있으리요 징계는 다 받는 것이거늘 너희에게 없으면 사생자요 참 아들이 아니니라 또 우리 육체의 아버지가 우리를 징계하여도 공경하였거든 하물며 모든 영의 아버지께 더욱 복종하여 살려하지 않겠느냐 저희는 잠시 자기의 뜻대로 우리를 징계하였거니와 오직 하나님은 우리의 유익을 위하여 그의 거룩하심에 참여케 하시느니라 연단한 자에게는 의의 평강한 열매를 맺나니 그러므로 피곤한 손과 연약한 무릎을 일으켜 세우고 너희 발을 위하여 곧은길을 만들어 저는 다리로 하여금 어그러지지 않고 고침을 받게 하라"

또 이사야 38장 17절에도 "보옵소서 내게 큰 고통을 더하신 것은 내게 평안을 주려하심이라"고 기록하고 있습니다.

이런 연유로 예수님께서는 부자가 천국에 들어가는 것이 낙타가 바늘귀를 지나는 것보다 더 어렵다고 말씀하셨습니다. 왜냐하면 물질적인 풍요로 인생살이의 어려움을 모르고 안일한 삶을 사는 자들이나 또는 학력이나 사회적 지위를 가지고 어떻게 하면 다른 사람 앞에서 좀 높아져 볼까 또는 자기 이름을 드러내 볼까 하는 자들이나 금력에 교만하여 목이 곧고 빳빳한 자들은 시련과 고통을 통하여 하나님의 징계를 받는 자들보다 여러 수십 수백 배의 인위적 노력이 있어야 진정한 하나님의 영접이 가능할 것이기 때문입니다.

어느 하버드대학 교수가 불구가 된 아이들을 뒷바라지하기 이런 연유로 예수님께서는 부자가 천국에 들어가는 것이 낙타가 바늘귀를 지나는 것보다 더 어렵다고 말씀하셨습니다. 왜냐하면 물질적인 풍요로 인생살이의 어려움을 모르고 안일한 삶을 사는 자들이나 또는 학력이나 사회적 지위를 가지고 어떻게 하면 다른 사람 앞에서 좀 높아져 볼까 또는 자기 이름을 드러내 볼까하는 자들이나 금력에 교만하여 목이 곧고 빳빳한 자들은 시련과 고통을 통하여 하나님의 징계를 받는 자들보다 여러 수십 수백 배의 인위적 노력이 있어야 진정한 하나님의 영접이 가능할 것이기 때문입니다.

위하여 대학교수직을 포기했을 때, "왜 그렇게 사서 고생을 하려는가" 라는 질문을 받고 "인생의 마지막 길에서 예수를 알기 위해서" 라고 답한 사실을 어느 신문에서 읽은 기억이 나는데 시사하는 바가 크다고 하겠습니다.

그러므로 '남이 가니 나도 간다' 는 식으로 건성으로 적당히 또 생활의 멋으로, 장로님이나 목사님의 안면 봐서 또는 친교나 해볼까 하여 교회를 다니는 분들이 있다면 크게 회개하고 믿음의 자세를 새로이 해야 할 것입니다.

왜냐하면 참되고 올바른 믿음 안에서의 평안, 기쁨, 만족, 여유, 감사 또 하나님께로부터 오는 신비의 비밀들을 몸소 체험한다면 예수 믿는 것이 보통 좋은 것이 아니고 보통 축복이 아님을 알게 될 뿐 아니라 천국이야기는 나중으로 미루더라도 우선 지금 현재 이 세상의 내 인생길에서 닥치고 있는 여러 가지 어려움을 극복하는데도 크나큰 혜택과 도움이 될 수 있기 때문인 것입니다.

다시 말해 하나님 안에서의 구원은 저 세상 구원뿐만 아니라 이 세상 구원까지도 확실히 보장되어 있는 것입니다.

나도 처음에는 혼자서는 도저히 감당할 수 없는 여러 문제들 때문에 궁여지책으로 하나님께 매달렸던 것입니다. 많은 사람들이 그렇게 귀히 여기는 돈, 그렇게 힘들게 피와 땀으로 모은 돈이 몇 백 불씩 어떤 날은 몇 천 불씩 훨훨 날아 달아나는 것이 보였습니다. 잠도 잘 수가 없었습니다. 천근만근 되는 육중한 철근이 가슴을 눌러오고 공포와 불안, 초조, 두려움이 가슴을 조여 왔습니다. 침대에 바로 누워있을 수조차 없었습니다. 한 시간이 여삼추 같았습니다. 나의 고민을 다른 이들에게 털어놓을 수도 없었습니다.

심장이 아파서 의사를 찾았습니다. 그러나 처방이 없었습니다. 의사 선생님께서 예수 믿어 보라고 설교 테이프를 다섯 개나 주었습니다. 집에 가져와 틀어 봐도 당시는 아무 것도 잡히는 것이 없었습니다.

몸이 수척하고 머리카락이 세기 시작했습니다. 벙어리 냉가슴 앓듯 누구에게 털어놓지도 못하고, 혼자서 죽을 고생 고생하다가 할 수 없이 마지막으로 어느 신자의 인도로 찾아 간 곳이 교회였습니다. 그렇게도 싫어하고 기겁을 하던 교회였으나 다른 선택의 여지가 없었는지라 부득불 교회에 가서 하나님께 나의 목을 달아매게 되었던 것입니다.

성경공부를 시작했습니다. 거의 매일 저녁마다 교회에 가서 하나님께 목숨이라도 내어 놓으라면 내어놓겠노라고 부르짖으며 살려만 달라고 애원했던 것입니다.

평소에 한번도 "하나님 아버지"라고 불러본 일도 없고 교제도 없었던 하나님께 죽을 지경이 되어서야 비로소 살려달라고 부르짖는 내 자신이 무척이나 가련도 하고 염치도 없는 것 같기도 하였습니다.

그러나 다른 선택이 없었습니다. 그러면서도 마음 한 구석에는 '모든 것이 다 거짓이다, 헛수고다' 하는 의심의 생각이 꼬리에서 꼬리를 물었습니다. '공중에 날리는 헛소리지 기도가 무슨 효과가 있겠어?' 너무나도 막막하기도 했습니다.

목사님께서는 의심하는 것보다는 차라리 잊어버리는 것이 나으니 기도하고 난 후는 무엇을 기도했는지를 생각조차하지 말고 입을 열어 소리를 내고는 금방 잊어버리라고 일러주었습니다.

상당한 기간을 이 의심과 힘든 투쟁을 하지 않으면 안 되었던 것입니다. 그러나 옆에서 나의 힘든 투쟁을 조용히 지켜보고 계셨던 하나님께서는 드디어 나에게 승리의 기쁨을 허락하셨습 그 후 계속해서 나는 하나님께서 주신 이 마음의 평안이 어떻게 세상 것과 다른가하는 점을 내 나름대로 체험하였던 것입니다. 즉 세상 것은 우리가 흔히들 스트레스 해소라는 말로 표현할 수 있겠습니다. 그리고 이 스트레스 해소를 위한 수단으로는 술을 마신다, 춤을 춘다, 여행을 한다, 기타 등등 많이 있습니다. 그러나 이런 것들은 모두가 기분 전환을 하고난 후 시간이 지나면 지날수록 옛날처럼 스트레스가 다시 쌓이고 맙니다.

니다.

어느 날 밤늦게 교회에서 집으로 돌아와서 혼자 성경 읽고 취침기도를 하던 중 갑자기 "하나님 아버지"와 "주님"이라 불려 지면서 하나님께 나의 죄인됨과 여태까지 하나님 아버지를 몰랐던데 대하여 눈물로 회개하기를 대략 두 세 시간 정도, 그런데 이 두 세 시간의 진정한 회개가 나의 삶을 완전히 바꿔놓고 말았던 것입니다.

그것은 두 세 시간 전의 불안, 초조, 공포, 긴장, 불면증, 심장통증 등이 이 두 세 시간 후에는 마치 거짓말처럼 완전히 사라졌기 때문이었습니다. 처음엔 내 자신도 뭐가 뭔지를 몰랐습니다. 그 후 시간이 지날수록 깨달으니 내가 죄인됨을 회개할 동안 하나님께서는 나도 모르는 사이에 나의 병도 다 고쳐주시고 또한 마음의 평화를 선물로 주셨던 것입니다.

물론 그때 당시는 그런 상태가 성령께서 내주하시므로 병마도 물러가고 하나님의 속성이 나타났기 때문이라는 사실을 몰랐습니다. 얼마 후 성경에서 요한복음 14장 27절을 읽던 중 알게 되었습니다.

　　"평안을 너희에게 끼치나니 곧 나의 평안을 너희에게 주노라 내가 너희에게 주는 것은 세상이 주는 것 같지 아니하니라 너희는 마음에 근심도 말고 두려워하지도 말라"

　　이 일이 있은 후 나는 예수 믿는 것이 지식이나 관념으로 믿는 것이 아니고 체험과 경험으로 생생히 살아서 역사하시는 산 하나님을 믿는 것이구나 하는 확신을 갖게 되었던 것입니다.

　　이 일이 있기 전에는 예수 믿는다는 것이 마치 눈을 감고 길을 가는 것이나, 길 없는 정글을 헤매는 격이었는데 이 일이 있고 난 후에는 눈을 뜨고 길을 가며 길 있는 정글을 가는 것과 같으니 얼마나 믿는 것이 쉽고 또한 확실한 것인지 절대로 절대로 믿음이 흔들리는 일이 없게 되었던 것입니다.

　　그 후 계속해서 나는 하나님께서 주신 이 마음의 평안이 어떻게 세상 것과 다른가하는 점을 내 나름대로 체험하였던 것입니다. 즉 세상 것은 우리가 흔히들 스트레스 해소라는 말로 표현할 수 있겠습니다. 그리고 이 스트레스 해소를 위한 수단으로는 술을 마신다, 춤을 춘다, 여행을 한다, 기타 등등 많이 있습니다.

그러나 이런 것들은 모두가 기분 전환을 하고난 후 시간이 지나면 지날수록 옛날처럼 스트레스가 다시 쌓이고 맙니다.

그러나 하나님께서 주신 이 마음의 평안은 이와는 반대입니다. 우선 지금 당장 무슨 사고라도 당하여 마음이 좀 불편하다가도 마치 나침반을 어느 방향으로 놓아도 그 침은 항상 남북으로 돌아오는 것과 마찬가지로 시간이 지나면 지날수록 처음에 하나님께서 주신 그 본래 상태대로의 평안으로 되돌아오므로 언제나 편안한 마음이 그대로 지속된다는 사실입니다.

성령이 한 번 임하시면 우리가 죽을 때까지 떠나지 아니하시므로 언제나 편안할 수 있는 것입니다. 이것은 하나님께서 일방적으로 주시는 마음의 평안이므로 내 자신의 감정이나 마음이 내 생각과는 전혀 상관없이 언제나 일정합니다.

그래서 나는 나대로 그 상태를 '지금 여기서 천당을 산다'고 표현합니다. 왜냐하면 내 심령 속에 성령께서 내주하셔서 계시기 때문입니다. 그리고 그리스도 예수 안에 있는 생명의 성령의 법이 죄와 사망의 법에서 나를 해방시켰기 때문에 나는 죽음의 공포와 두려움도 초월하게 되었습니다.

이때부터 나에게는 "항상 기뻐하라 쉬지 말고 기도하라 범사에 감사하라"는 하나님의 뜻이 저절로 행동으로 옮겨지게 되었던 것입니다. 또한 매일의 생활 속에서 맛보는 생의 행복과 기

그래서 이제 나의 마음속에는 심령천국이 건설된 것입니다. 나는 십자가에서 예수님과 함께 죽고 천국의 주인인 하나님께서 내 속에서 내 대신에 사시므로 실제로 내 마음이 천국으로 변하였고 그래서 내 마음속에는 심령천국이 건설된 것이라 믿습니다.
그리고 이처럼 내 마음 속에 실제로 심령천국을 가져본 후에야 비로소 나는 예수 믿는 것이 얼마나 좋은지를 알게 되었습니다. 그리고 그 결과로써 저절로 예수님을 자랑하는 자발적 전도도 가능해지게 되었던 것입니다.

뿜과 여유는 나로 하여금 잠까지도 설치게 할 정도로 기쁘고, 이로 인하여 "주님, 감사합니다. 하나님 아버지, 감사합니다. 성령님 감사합니다"가 내 입에서 끊임없이 줄을 잇고 있습니다.

또한 과장이 아니라 24시간동안 한 순간도 하나님 생각과 감사하는 마음이 내 마음과 머리에서 떠날 때가 없게 되었습니다. 20년이 지난 지금까지도 마찬가지입니다.

뿐만 아니라 꽁꽁 얼어붙어 황량하기만한 겨울들판마냥 살벌하고 메마르기만 하여 눈물이라고는 전혀 모르던 내 가슴은 하나님의 자비와 사랑의 훈기로 가득차고 충만한 감사의 눈물로 출렁이게 되었습니다. 또한 평소에는 그렇게도 무미건조하기만 하던 성경말씀들이 마치 꿀송이를 빠는 것보다도 더 달게 되었습니다. 이제는 내가 왜 진작 더 오래전, 30년 전, 40년에 예수님을 몰랐던가, 대학 다닐 때 영어 배운다고 영한합본성경을 그렇게도 열심히 들고 다녔으면서도 왜 좀 똑똑히 읽어보지 않았던가 하고 후회를 하고 또 해도 끝이 없습니다. 그랬더라면 이미 오래전부터 지금처럼 내 삶에 있어서 항상 행복하고 기쁘고 또한 부족함이 없는 은혜의 삶을 만끽하며 살았을 것이 아닌가…

그러면서도 한편으로 생각하면 이 시점에서나마 하나님을 올바로 영접할 수 있게 된 것이 얼마나 다행한 일인가… 뿐만 아니라 앞으로 이 세상에서의 삶을 마감하는 날까지 주님과의 교제를 통하여 누리게 될 그 풍성한 은혜를 생각하면 얼마나 얼마나 가슴벅찬 일인가… 안도의 한숨을 쉬고 또 쉬어 봅니다.

그리고 또 성경에서도 "나중난 자가 먼저 되고 먼저난 자가 나중 된다"는 말씀이 있는 것을 보고 하나님의 오묘한 섭리를 감탄하며 얼마나 위로를 받고 있는지 모른답니다. 또한 하나님께서 주시는 이 마음의 평안과 기쁨과 행복은 이 세상 그 무엇으로도, 그 어느 곳에서도 구할 수 없는 값진 선물임을 알게 되었습니다.

이 세상에서 제일 귀한 것을 다이아몬드라고 하는데 값이 비싸며 좋고 구하기가 무척 힘들기 때문일 것입니다. 예수 믿는 이치도 이와 마찬가지가 아닌가 생각해 봅니다.

예수님께서는 너무나 고귀하시고 좋으시고 위대하시기 때문에 처음에 바로 영접하기가 무척 힘든다고 하겠습니다. 그러나 일단 한번 영접해서 성령으로 내 속에 들어오셔서 나의 왕으로 좌정하기만 하신다면 그렇게도 귀하고 소중하고 좋을 수가 없다는 것을 알았습니다.

예수님을 영접하면 예수님은 우리 속에 성령 하나님으로 내주하십니다. 그리고 그 성령으로 내 영혼이 새생명으로 다시 태어나는 것을 거듭남 또는 중생이라고 하는데 나는 거듭남의 체험을 한 것입니다.

또 성령께서 내 속에서 나의 진실한 믿음을 인쳐 주심으로 나는 '지금 죽어도 꼭 천국에 간다'는 자신과 확신을 가진 진실한 천국백성이며 하나님의 자녀가 된 것입니다.

즉, 지금까지는 내가 일방적으로 '믿습니다'하고 하나님을 믿는 것이었습니다. 이는 마치 약혼반지를 받은 상태인 셈이지요. 나의 일방적인 믿음이니까. 그러나 이제는 하나님께서 나의 믿음을 보시고 "그래, 네 믿음이 그만하면 됐다. 내가 인정한다"고 하시면서 내 믿음에 대한 보증의 표적이고 또 그 확인 도장인 성령을 선물로 주신 것입니다.

이것은 결혼반지를 받은 것과 같이 정확한 표증인 것입니다. 즉 양쪽 모두가 확증한 셈이 되는 것이라 볼 수 있습니다. 이제는 약혼반지에서 결혼반지까지 끼었으니 나의 믿음은 비로소 하늘나라에 들어가기에 합당한 믿음이 된 것입니다.

　예수 그리스도와 믿는 성도들은 결혼 계약관계로 되어 있기 때문에 그 계약 이행이 쌍방적인 것입니다. 상대방이 인정하지 아니하는 일방적인 계약 이행인 "내가 믿습니다" 하는 것만으로는 완전한 계약의 성립이 아닌 것입니다. 그러므로 "내가 너의 믿음을 인정 한다"는 사인을 하나님으로부터 받아야 하는데 이 사인이 바로 성령인 것입니다. 그러므로 우리가 성령을 받지 않으면 안 되는 이유가 이 점에 있는 것입니다.

　이제 성령 하나님께서 내 속에 좌정해 계심은 바로 하늘나라의 보좌와 그 권세가 내 속에 나와 함께 계시는 것이므로 이전의 나의 마음 바탕이 마귀적인 속성이었다면 이제는 180도 하나님의 마음 바탕으로 완전히 바뀌었고 그래서 이제부터는 하나님의 속성이 나를 지배하게 된 것입니다.

　그래서 이제 나의 마음속에는 심령천국이 건설된 것입니다. 나는 십자가에서 예수님과 함께 죽고 천국의 주인인 하나님께서 성령으로 내 속에서 내 대신에 사시므로 실제로 내 마음이 천국으로 변하였고 그래서 내 마음속에는 심령천국이 건설된 것이라 믿습니다.

　그리고 이처럼 내 마음 속에 실제로 심령천국을 가져본 후에야 비로소 나는 예수 믿는 것이 얼마나 좋은지를 알게 되었습니다. 그리고 그 결과로써 저절로 예수님을 자랑하는 자발적 전도도 가능해지게 되었던 것입니다. 또한 내 속에 사시는 하나님의 능력이 나를 통하여 나타나므로 나는 담대한 능력의 일꾼이 된 것입니다.

이제는 더욱 열심히 기도하고 간구하면 성령의 외적 권능인 각종 은사도 받게 되는 단계에까지 온 것입니다. 그러나 무엇보다 마음의 평안과 구원의 확신이 가장 큰 은사라고 믿어 늘 감사에 취해 사는 것입니다.

앞에서도 언급한 것처럼 나는 내가 항복적으로 예수님을 영접하기 전에 주위의 많은 사람들로부터 예수 믿으라는 권유를 많이 받았습니다. 그런데도 '왜 예수를 믿어야 하는가'를 일단은 알아보고 거절해도 거절해야 했을 것이었는데 그 이유도 똑똑히 알아보지도 않고 무조건 그들의 권유를 거절하여 내 생애 최고의 어리석음을 범한 것입니다.

지금 생각해보면 정말로 바보 멍청이였고 그런 나 자신을 얼마나 얼마나 후회하고 있는지 모릅니다. 아직도 교회에 나오지 않으시는 분들은 나의 이 충고를 귀담아 들으시기를 간곡히 부탁드리며 지난날의 나와 같은 바보스런 존재가 되지 않기를 바랍니다.

왜냐하면 이 세상에서 우리가 사는 이 인생살이가 눈에 보이

> 이때, 태산을 넘는 것이 원죄 회개이고, 작은 산을 넘는
> 것이 자범죄, 성품죄 등 일반죄를 회개하는 것이라고 하
> 겠습니다. 그러므로 이 태산을 넘지 않으면, 즉 원죄를
> 철저히 회개하지 않으면, 죄의 뿌리가 완전히 뽑히지 않
> 았다는 것을 의미하므로 하나님께 나의 회개가 온전한
> 회개로 인정받지 못하여 하나님으로부터 온전한 용서를
> 받을 수 없는 것입니다.
> 하나님은 죄가 없으시고 거룩한 분이시므로 죄 용서를
> 받아 깨끗해지지 않은 심령 속엔 성령으로 내주할 수가
> 없는 것입니다. 그러므로 내 육체가 죽어 없어지기 전
> 에 언제나 한 번은 이 태산을 넘는 원죄 회개를 반드시
> 해결해야 한다는 것이 나의 생각입니다.

는 이 세상이 다가 아니고 여기서 끝나는 것이 아닌 것입니다. 이
세상의 총결산이 바로 예수님을 통하여 우리의 삶을 하늘나라로
옮겨가는 것, 즉 하늘나라로 이사 가는 것, 바로 그것이기 때문입
니다.

그러면 왜 꼭 예수가 있어야 하고, 왜 꼭 예수를 믿지 않으면
안 되는 것일까요?

결론부터 말씀드리면 천국은 너무 너무 좋은 곳이므로 그
나라의 주인인 예수님의 허락 없이는 들어갈 수가 없기 때문입
니다. 즉 하늘나라는 아무나 들어갈 수 있게 되어 있는 곳이 아
니고 오직 주인인 '예수' 이름으로 이 세상 삶을 통하여 일정

기간의 훈련과 교육과정을 통하여 하늘나라의 시민권과 하나님의 자녀된 권세를 획득한 하나님의 식구들만 들어갈 수 있기 때문인 것입니다.

그리고 이미 교회에 다니시고 계신 분들에게는 다음과 같은 점들을 권유해 보고 싶은 것입니다.

첫째, 천국을 목사님들께만 너무 의지하지 말자는 것입니다.

목사님들께서 나의 천국행 티켓을 손에 쥐어주신다고 생각하면 곤란합니다. 목사님들은 양들인 우리들을 먹이고 치는 목자로서의 직분을 다하는 분들이지 직접 우리들을 천국에 보내줄 수 있는 권한을 가진 사람들이 아니기 때문입니다. 목사님들께서 설교를 통하여 말씀을 먹고 회개하여 죄사함 받고 성령을 받으라고 하면 내가 직접 말씀을 받고 깨달아서 회개하고 성령받기를 힘써야 합니다.

목사님들께서는 우리들에게 어떤 목적지를 이렇게 저렇게 다양한 방법으로 가라고 일러만 줄 따름이고 가는 것은 내가 직접 찾아가야 하는 것입니다. 천국은 침노하는 자의 몫이라고 했습니다. 천국 티켓은 거저 주어지는 것이 아니고 나의 부단한 노력과 투쟁의 요구이며 그 결과로 주어지는 것입니다. 해산의 고통 없는 출생의 기쁨이 있을 수 없는 것입니다.

둘째, 죄에 대한 회개를 철저히 하자는 것입니다.

특히 원죄, 즉 나는 원래가 죄인이라는 것과 하나님 없이도 내 의지만으로 살 수 있다는 생각, 또한 하나님을 믿는다고 하면서도 하나님의 능력을 의심해서 100퍼센트 하나님께 맡기지 못하는 것을 철저히 회개하자는 것입니다.

회개는 우리가 어떤 목적지를 가는데 그 가는 길에는 큰 태산도 있고 작은 산들도 여러 개가 있다면 작은 산들은 쉽게 넘을 수 있으므로 문제가 되지 않지만 큰 태산은 넘기가 무척 힘듭니다. 그러나 태산을 넘지 않으면 그 목적지에 도달할 수 없으므로 무슨 수를 써서라도 그 태산만큼은 직접 걸어서 넘어가야 되는 것입니다. 비행기를 타고 넘어서도 안 되고 돌아서 가도 안 되고 남의 등에 업혀가서도 안 되고 꼭 내 발로 걸어서 넘어가야 하는 것입니다.

이때, 태산을 넘는 것이 원죄 회개이고, 작은 산을 넘는 것이 자범죄, 성품죄 등 일반죄를 회개하는 것이라고 하겠습니다. 그러므로 이 태산을 넘지 않으면, 즉 원죄를 철저히 회개하지 않으면, 죄의 뿌리가 완전히 뽑히지 않았다는 것을 의미하므로 하나님께 나의 회개가 온전한 회개로 인정받지 못하여 하나님으로부터 온전한 용서를 받을 수 없는 것입니다.

하나님은 죄가 없으시고 거룩한 분이시므로 죄 용서를 받아 깨끗해지지 않은 심령 속엔 성령으로 내주할 수가 없는 것입니다. 그러므로 내 육체가 죽어 없어지기 전에 언제나 한 번은 이 태산을 넘는 원죄 회개를 반드시 해결해야 한다는 것이 나의 생각입니다.

셋째, 성령을 받자는 것입니다.

왜냐하면, 우리가 믿음을 가지는 최고의 가치와 목적이 바로 하늘나라에 소망이 있기 때문인 것입니다. 이 소망의 비밀 즉 천국비밀이 예수님 안에 있는 하나님 아버지의 비밀이라면 성령은 바로 내 속에 계시는 예수님의 비밀이시기 때문입니다. 성령은 선물이므로 하나님께서 대가없이 주시는 것이지만 내가 그 선물을 받을 자격을 먼저 갖추고 하나님 앞에 나가야 한다는 것이 나의 주장입니다.

즉 성령은 우리의 믿음의 보증이고 확인이기 때문에 내 자신이 하나님 앞에 나갈 때 하나님께서 흡족히 여기시고 성령을 선물로 주실 수 있을 정도로 철저한 회개가 담긴 심령(마음), 즉 철저한 회개와 예수님의 피와 죽음과 십자가의 공로가 담긴 믿음의 그릇을 가지고 하나님 앞에 나가야 한다는 것입니다.

이때에 하나님께서 나의 믿음이 어느 정도인가를 보시고 하나님께서 만족하실만한 믿음이면 나의 죄를 사하여 주시고 성령을 주셔서 나의 믿음을 인쳐 주시고 그렇지 않으면 설사 믿음을 가지고 하나님 앞에 나갔을지라도 하나님께서 만족하시지 않는 믿

> 다시 말하면, 내가 세상적인 복을 구하기 전에 먼저 하나님의 자녀가 되는데 필요한 영적인 축복부터 요구를 해야 된다는 것입니다.
>
> 예를 들면, 회개의 영을 달라고 하던지, 성령의 선물을 달란다든지, 하나님을 알게 해달라든지 등 내가 영적인 축복을 얻어 하나님의 자녀가 되면 그 자녀된 권세로 물질적 복, 건강의 복 등 세상의 복을 구하는 것이 순서이고 또 당연한 권리이므로 자녀들이 부르짖으면 하나님께서는 당연히 그 부르짖는 소리를 듣겠다고 약속하신 것이 성경인 것입니다.

음이므로 성령을 선물로 받을 수 없다는 것이 나의 생각입니다.

넷째, 하나님을 두려워할 줄 알자는 것입니다.

경외한다는 말이 영어로는 Fear, 즉 두려워하다, 무서워하다, 겁내다, 염려하다, 황공해하다 입니다. 하나님을 무서워하고 두려워하지 않는 믿음은 올바른 믿음이 아니라고 봅니다. 즉 이 말은 내가 자발적으로 하나님의 권위를 높이고 그분의 계명을 지키고 사랑하는 것이 바로 하나님을 경외하는 것이기 때문입니다.

하나님의 권위를 스스로 인정하지 않고 계명도 지키지 않으면서 하나님을 경외한다고 하는 것은 거짓이라고 하겠습니다. 즉 내 스스로가 보이지 않는 하나님을 보는 하나님으로 내 앞에, 내 속에 직접 모시고 그분의 명령과 말씀을 따라 사는 것이 하나님을 경외하는 것이라 하겠습니다.

다섯 째, 내가 하나님께 요구사항이 있을 때는 내가 하나님께 할 도리부터 먼저하고 난 후에 요구하자는 것입니다.

많은 사람들이 하나님께 할 도리부터 먼저 하지도 않으면서 무조건 물질적 복, 건강의 복 등 세상의 복부터 먼저 구하는 경우가 많은 것 같습니다. 처음에는 나도 그랬었는데 그것이 순서가 아니었던 것입니다.

결론부터 말씀드린다면 그 순서가 바뀌었다는 것입니다. 하나님은 질서의 하나님이시기 때문에 하나님께 구하는 것도 하나님의 질서에 합당해야 할 것입니다. 즉 하나님께 요구할 때에는 내 자신이 하나님으로부터 요구할 자격을 먼저 갖추어야 하기 때문에 하나님의 자녀된 권세부터 먼저 구해야 맞는 순서라는 것입니다.

다시 말하면, 내가 세상적인 복을 구하기 전에 먼저 하나님의 자녀가 되는데 필요한 영적인 축복부터 요구를 해야 된다는 것입니다.

예를 들면, 회개의 영을 달라고 하던지, 성령의 선물을 달란다든지, 하나님을 알게 해달라든지 등 내가 영적인 축복을 얻어 하나님의 자녀가 되면 그 자녀된 권세로 물질적 복, 건강의 복 등 세상의 복을 구하는 것이 순서이고 또 당연한 권리이므로 자녀들이 부르짖으면 하나님께서는 당연히 그 부르짖는 소리를 듣겠다고 약속하신 것이 성경인 것입니다.

주님과 우리와는 결혼 계약관계를 맺고 있는데 이 계약에서 하나님께서는 아버지로서 자녀들을 보호하시고 책임지시겠다고 약속하시고 계실 뿐 아니라 또 자녀들이 아버지께 순종하고 의지할 것을 요구하시고 계시는 것입니다. 다시 말하면, 하나님께서는 자기 자녀가 아닌 자를 보호하시거나 축복을 주실 하등의 이유가 없기 때문입니다.

그러므로 영적 축복 없이 물질적 복부터 먼저 받고자 하는 분들은 그 순서와 자세를 바꾸어야할 것입니다. 그렇지 않으면 그 수고가 다 헛수고가 될 뿐이고, 또 하나님의 기도 응답도 있을 수 없기 때문입니다. 오히려 하나님의 이름을 망령되이 사용하는 결과만 초래하게 될 것입니다.

내가 친구들이나 이웃들에게 '예수 믿어야 한다'고 말하였더니 그들은 "당신이 실수로 인한 사업실패 때문에 마음의 위로를 받고자 어쩔 수 없이 하나님께 매어 달리는 것이며, 그것은 어디까지나 당신의 문제이지 우리와는 하등의 상관이 없는 일"이라고 아예 외면하는 이들이 많았던 것입니다.

앞에서도 말씀드렸듯이 솔직히 나도 처음에는 그랬습니다. 그러나 하나님 세계에 일단 발을 들여 놓은 후에는 이러한 모든 과정이 하나님께서 나를 당신의 자녀로 만들어서 큰 축복을 주시

여러 세상적인 일, 예를 들면 남편이, 아내가, 부모가, 형제가, 자식이, 친척이, 친구가 죽어도 눈물이고 애통이거늘 하물며 이 온 우주의 창조자시고 주관자시고, 왕중의 왕이시고 제일 거룩하시고, 위대하시고, 제일 높이 경배받기에 합당하신 천지의 주재이신 하나님 아버지께 내 잘못을 뉘우치고 돌아오는 마당에 눈물 한 방울 없다는 것은 있을 수 없는 일이기 때문입니다.
부족한 나를 하나님께 맡기는 눈물의 회개 속에는 죄가 녹고 병이 사라집니다. 망극한 아버지의 은혜를 감사하는 눈물의 감사 속에는 내 믿음이 승화하고 내 기도가 거룩해지며 간절한 소망과 간구가 담긴 눈물의 기도 속에는 하나님의 보좌를 움직이는 힘이 있기 때문인 것입니다.

고자 하신 하나님의 계획된 징계였음을 깨닫게 되었던 것입니다.

그러므로 하나님께 사랑의 매를 맞는 자는 복 있는 자라고 말하고 싶은 것입니다.

'예수 믿으라'는 말에 거부반응을 일으키고 있으신 분들은 단순히 그러한 생각에만 붙들려 있을 것이 아니라 속아봤자 본전이니 전도하는 이들의 말에 한 번 속아 보십시오. 그리고 예수님을 한 번 영접해 보십시오, 거기엔 분명 내가 모르는 그 무엇이 있을 것입니다.

그것은 전지전능하시고 무소부재하시고 우리의 위대하시고 거룩하신 하나님 아버지께서 분명히 살아계시기 때문인 것입니다.

또한 모태신앙이라고, 유아세례자라고, 교회에 오래 다녔다고, 헌금 많이 한다고, 교회 봉사 많이 한다고 자랑하기 전에 먼저 나의 믿음이 정말로 하나님 앞에 바로 섰는가? 정말로 거듭나서 구원받고 천국 가는 믿음을 소유했는가? 하나님께서 들으시는 기도를 하고 있는가? 정말로 내가 천국 가는 길을 알고 믿는 것인가 아니면 남이 믿으니까 따라 믿고, 믿어보라고 하니 그저 믿어보는 것인가? 과연 내가 쭉정이가 아니고 알곡인가를 재삼 확인하여 볼 필요가 있을 것입니다.

왜냐하면 내 죽음이 어느 순간에 찾아올지 아무도 모르는 일이고 또 마지막 심판은 준엄하며 그 심판에 대한 모든 책임은 오직 내가 다 감당해야 하기 때문입니다.

오직 하나님께서만 아시고 계시는 사항이겠지만 여러 정보에 의하면 기성교인들 중 구원의 확신을 가진 사람들의 비율이 불과 20%정도 밖에 되지 않고 있다는 놀라운 사실입니다. 그리고 이 심각한 문제가 공공연한 비밀로만 내버려진 채로 겉으로 드러나지 않고 있다는 것이 더 큰 문제인 것입니다.

'하나님께 죄인임을 눈물로 고백했느냐'고 여러 교인들에게 질문을 한 적이 있습니다. 많은 숫자가 '아니요'였습니다. 눈물 없는 고백은 진정한 회개가 아니고 진정한 회개가 없는 믿음은 성령으로 인침 받을 수 없는 가식일 뿐입니다.

우리는 언제나 눈물을 흘릴 수는 없지만 큰 태산을 넘는 원죄를 회개할 때만큼은 반드시 눈물이 수반되는 회개라야 한다고 생각됩니다.

왜냐하면 여러 세상적인 일, 예를 들면 남편이, 아내가, 부모가, 형제가, 자식이, 친척이, 친구가 죽어도 눈물이고 애통이거늘 하물며 이 온 우주의 창조자시고 주관자시고, 왕중의 왕이시고 제일 거룩하시고, 위대하시고, 제일 높이 경배받기에 합당하신 천지의 주재이신 하나님 아버지께 내 잘못을 뉘우치고 돌아오는 마당에 눈물 한 방울 없다는 것은 있을 수 없는 일이기 때문입니다.

부족한 나를 하나님께 맡기는 눈물의 회개 속에는 죄가 녹고 병이 사라집니다. 망극한 아버지의 은혜를 감사하는 눈물의 감사 속에는 내 믿음이 승화하고 내 기도가 거룩해지며 간절한 소망과 간구가 담긴 눈물의 기도 속에는 하나님의 보좌를 움직이는 힘이 있기 때문인 것입니다.

열왕기하 20장 1-16절을 통하여 하나님 앞에서 눈물이 얼마나 중요했으면 병들어 다 죽게 된 히스기야 왕이 통곡과 눈물로 기도를 드렸을 때, 그 기도를 들으신 하나님께서 그의 병도 낫게 하시고 더하여 그의 수명까지도 15년을 더 연장시켜 주셨던 사실로 보아 우리는 수만 마디의 말보다 한 방울의 눈물이 하나님께는 더 소중하고 귀한 것임을 알 수 있는 것입니다.

　물론 나의 이런 경험, 이런 간증이 어떤 이들에겐 조롱거리가 되겠고 또 어떤 이들은 뻔히 다 아는 것을 뭐 그렇게도 장황하게 늘어놓느냐고 반문일지 모르겠습니다.

　그러나 믿음은 들음에서 난다고 나는 다른 사람들의 간증을 듣거나 읽기를 좋아하고 또 그들이 증거 하는 바를 다 순수하게 의심 없이 그대로 받아들여서 '나도 그렇게 되어봐야겠다'고 겸손히 노력한 결과 하나님께 택함 받은 자가 되어 진정한 예수님의 영접이 가능하게 되었던 것입니다.

　그리고 하나님께서 우리들을 얼마나 사랑하시고 계시며 또 우리에게 가지고 계시는 하나님의 안타까운 심정을 십분 깨달을 수 있게 되었던 것입니다. 그래서 나는 이렇게 각종 책으로, 간증으로 독자들을 찾아가는 것입니다.